Él Brilla
en todo lo
Bello

Cultura y la gracia común

Richard J. Mouw
Traducción por Martín Bobadilla
Revisión por Valentín Alpuche

editorial
δουλος
Embajadores en cadenas

Tampa, Florida

Editorial Doulos
1008 E Hillsborough Ave
Tampa, Florida 33604
www.editorialdoulos.com
Correo electrónico: editor@editorialdoulos.com

Publicado originalmente en inglés con el título *He Shines in All That's Fair: Culture and Common Grace* por William B. Eerdmans Publishing Company, 2140 Oak Industrial Drive NE, Grand Rapids, Michigan 49505. ©2001 Wm. B. Eerdmans Publishing Co. Traducido y publicado con permiso.

ISBN: 978-1-953911-00-1

Contenido

Prefacio   9

1. Reflexionando en lo común   13

2. Lecciones de los Labadistas   23

3. Él brilla en todo lo bello   49

4. "Infra" versus "Supra"   76

5. Buscando el bien común   105

6. Actualización de la Teología de la Gracia Común   123

Colección de Estudios Apologéticos
Volumen 5

LAS CONFERENCIAS STOB 2000

Las conferencias "Stob" que se realizan cada año, normalmente dedicadas al campo de la ética, apologética y teología filosófica, son presentadas cada otoño en el campus del Calvin College o del Calvin Theological Seminary en honor a Henry J. Stob.

El Dr. Stob, con títulos del Calvin College y del Calvin Theological Seminary, Hartford Seminary y la University of Göttingen, comenzó su distinguida carrera como profesor de filosofía en el Calvin College en 1939, y en 1952 fue designado para enseñar teología filosófica y moral en el Calvin Theological Seminary, donde permaneció hasta su retiro. Murió en 1996, dejando a muchos estudiantes muy influenciados con su enseñanza.

Las conferencias Stob están financiadas por la fundación Henry J. Stob y administradas por un comité que incluye a los presidentes del Calvin College y el Calvin Theological Seminary.

Para más información sobre el Dr. Stob y las conferencias Stob, ver www.calvin.edu/stob.

Prefacio

Cuando fui invitado a dar las conferencias Stob en 2000, no dudé ni por un momento aceptar la encomienda. Admiro mucho a Henry Stob y aprendí mucho de él. Impartir una serie de conferencias creadas en su honor es un gran privilegio.

No tuve que pensar mucho sobre cuál sería mi tópico. Las cuestiones relacionadas con la idea de la gracia común y las batallas que se han librado sobre tales temas me han fascinado durante mucho tiempo. En un sentido, las cuestiones sobre la gracia común han formado los problemas subyacentes en mi propio peregrinaje intelectual. Y sabía que también Henry Stob reflexionaba mucho y con tenacidad en esas cuestiones.

Las reuniones de los editores del *The Reformed Journal* que Henry presidió fueron a menudo largos debates sobre tales asuntos. Para mi eran seminarios deliciosamente estimulantes en el pensamiento calvinista. Mientras preparaba estas conferencias, no tuve dificultad en imaginar las respuestas de Stob a casi cada punto, incluyendo un buen número de expresiones de probable desacuerdo genuino.

Pero dos recuerdos públicos más de Henry Stob también fueron vívidos para mi cuando aproveché la oportunidad de clarificar mis pensamientos sobre estas cuestiones. Uno fue de la conferencia maravillosamente lúcida sobre "la antítesis" que una vez impartió en el Calvin College, patrocinada por el departamento de filosofía, cuya versión publicada discuto en las páginas siguientes. Este era Stob en su mejor momento pedagógico, haciendo distinciones, clarificando términos, insistiendo en los matices. El otro recuerdo fue un maravilloso sermón que predicó en el servicio vespertino de la Calvin Christian Reformed Church en Grand Rapids, Michigan. Su texto fue Juan 3:16, y si recuerdo bien, fue un sermón que había predicado en esa congregación antes, y que ahora se le pedía por demanda popular pronunciara de nuevo. Me alegro de haberlo escuchado. No recuerdo todo su contenido, pero jamás olvidaré el poder de la dramática descripción de Stob del terrible abandono que experimentó el Hijo de Dios al cargar con el castigo por nuestro pecado en el Calvario.

La combinación de estos dos recuerdos, la insistencia rigurosa en la claridad y la proclamación apasionada del amor que envió al Salvador a la cruz, ejemplifica para mí el tipo de calvinismo que Henry Stob representó. Y ese tipo de calvinismo es también para mí, la teología cristiana en su mejor expresión. No tengo la ilusión de que la discusión siguiente satisfaga tan altos estándares. Pero es ofrecida en gratitud por el privilegio de haberme sentado a los pies de personas como Henry Stob.

Los capítulos de este libro son revisiones de mis conferencias Stob del 2000. Con una excepción: he agregado el capítulo sobre "infralapsarianismo" y "supralapsarianismo", que apareció en forma publicada antes de la serie de conferencias en el *Calvin Theological Journal*. Estos temas proporcionaron algo del trasfondo de mi pensamiento para mi discurso sobre el tema de las conferencias. Estoy convencido que incluir este capítulo sirve a la causa de la discusión en general.

Estoy agradecido al Calvin College y al Calvin Seminary por la invitación a dar las conferencias Stob. También estoy en deuda con Jon Pott, vicepresidente de Eerdmans, por su consejo en la preparación de esta versión publicada. También Jon fue parte del pequeño grupo que pasó muchas horas en el estudio de Henry Stob en las reuniones del *Reformed Journal*, y nuestras discusiones sobre este proyecto han provisto la ocasión para que los dos revisáramos esos recuerdos— no sólo de los intensos debates teológicos, sino también de muchos momentos más tranquilos. No obstante, nuestras recientes conversaciones también han estado teñidas de mucha tristeza por la prematura muerte de nuestro joven colega y amigo del *Reformed Journal*, Marlin Van Elderen. Cálidos recuerdos de su ingenio y sabiduría han sido también parte de la redacción de estos capítulos.

1

Reflexionando en lo Común

C omo la mayoría de las personas criadas en el protestantismo estadounidense, en mi niñez me enseñaron canciones sobre el amor de Jesús. No puedo recordar un tiempo en que no conociera las palabras "Cristo me ama" y "Jesucristo ama a los niñitos". Estas canciones celebran un amor divino que suena inclusivo:

> *Rojo y amarillo, blanco y negro,*
> *Son preciosos a sus ojos.*
> *Jesús ama a los niñitos del mundo.*

Pero hay otra canción que aprendí a temprana edad en la escuela dominical reformada holandesa a la cual asistía:

> *Sólo hay una puerta y, sin embargo, tiene dos lados.*
> *Estoy en el interior, ¿en qué lado estás tú?*

Los coros del amor de Jesús tuvieron el efecto deseado en mi: me aseguraron que podía ser beneficiario del amor del Salvador. Pero también entendí,

incluso en esos primeros años, la enseñanza inten-
cionada de la canción "una puerta": hay dos tipos de
gente en el mundo, aquellos que pertenecen a Jesús
en una forma especial y aquellos que no.

Algunos están dentro de la puerta, otros afuera.
No hay un tercer grupo. Y la cuestión de a qué grupo
perteneces es de suprema importancia. De nuevo,
estos conceptos básicos eran claros para mí incluso
como un niño pequeño. Las canciones que celebra-
ban el amor de Jesús eran muy importantes para mí,
pero nunca me inclinaron a volverme universalista.

Estos temas excluyentes fueron también parte
de mi crecimiento. Fui educado en una cultura evangélica pietista, donde se le daba prioridad a ser "espiritual". Esto era lo opuesto a ser "mundano".
Nuestro sentido de la necesidad de separarnos de la
cultura no cristiana era reforzado por un conjunto
de reglas bastante explícito que prohibían esos comportamientos que se consideraban los signos más visibles de lo mundano.

Si bien después llegué a abandonar algunos de
los énfasis de este pietismo a favor de una espiritualidad unida a la teología reformada, todavía respaldo la insistencia básica pietista de que la comunidad cristiana debe ser muy consciente de las formas
significativas en que Dios nos llama a permanecer en
contra de las culturas prevalecientes de nuestro
mundo caído. Era, después de todo, uno de los após-
toles, al escribir bajo la inspiración del Espíritu (y no
sólo una larga línea de predicadores pietistas) que
nos amonestó a no "amar el mundo o las cosas del
mundo", ya que "el amor del Padre no está en aquellos que aman al mundo" (1 Juan 2:15-16).

Durante mis años universitarios, me intrigaba

mucho la relación del compromiso cristiano con el pensamiento secular y los patrones más amplios de cultura. Le hice algunas preguntas, ciertamente con un espíritu ingenuo, a un amigo pastor reformado, y me dio una copia del folleto de la gracia común de Cornelius Van Til,[1] que leí y volví a leer con entusiasmo. Cuando Van Til expuso sus puntos de vista sobre el tema al contrastarlos críticamente con las perspectivas de figuras que acababa de conocer (Abraham Kuyper, Herman Hoeksema y otros) estaba impresionado por la importancia de este tema y el marco calvinista dentro del que se formularon las cuestiones.

En estas páginas reflexionaré sobre la noción de "gracia común", como ha sido debatida por los pensadores en la tradición calvinista. ¿Qué es lo que los cristianos pueden asumir que tienen en común con la gente que no ha experimentado la gracia salvadora que lleva al pecador a una relación restaurada con Dios? En algún grado esta cuestión ha surgido en la comunidad calvinista en general, pero me centraré aquí en las discusiones entre los calvinistas holandeses, cuyos argumentos han sido especialmente intensos, hasta el punto de dividir iglesias.

Un Interés más Amplio en lo Común

Antes de entrar a mi discusión de las formas en que los calvinistas han argumentado con otros sobre estas cuestiones, quiero resaltar que las cuestiones subyacentes aquí son de un amplio interés cristiano contemporáneo. La cuestión de lo "común" en

---

[1] Cornelius Van Til, *Common Grace* (Philadelphia: Presbyterian and Reformed Publishing., 1954).

realidad ocupa un lugar importante en la discusión teológica de estos días, en varios puntos del espectro teológico. Y lo que hace al presente tratamiento del tema especialmente interesante, particularmente en el mundo protestante, es que ha tenido lugar una especie de inversión de roles en la forma en que se ha abordado el tema. Algunos de aquellos que en el pasado fueron grandes defensores de la diferencia, ahora exploran la teología de lo común y, otros que en el pasado fueron grandes defensores de lo común, están ahora explorando las teologías de la diferencia.

Consideren el mundo evangélico. La autocomprensión cultural de muchos cristianos evangélicos a menudo ha sido formada en el pasado por tres motivos pietistas estrechamente relacionados: una visión remanente de la Iglesia, en que los cristianos se vieron inevitablemente como una "pequeña manada" en medio de un mundo hostil a la fe; una ética de "contrariedad", por la cual los creyentes se animaban a establecer patrones de vida que subrayaran su separación de los patrones culturales dominantes; y una valoración pesimista, incluso apocalíptica, del futuro curso de la historia. Los grupos evangélicos que han presentado estos motivos en el pasado, ahora se están moviendo en una dirección teológica muy distinta. Están construyendo mega-iglesias y elaborando estrategias sobre cómo ganar las "guerras culturales". Algunos de ellos, no hace mucho, incluso escogieron describirse como representantes de una nueva "mayoría moral" en la vida americana. En estas y otras maneras, los temas comunes han venido a tener una nueva aceptación entre los evangélicos durante las últimas décadas.

Una tendencia muy distinta se puede discernir dentro de los segmentos dominantes del protestantismo, donde algunos pensadores están intencionalmente minimizando lo común. En el reciente libro *Good News in Exile*: *Tres Pastores ofrecen una Visión Esperanzadora para la Iglesia*, los autores, cada uno de ellos pastor en una denominación principal, hablan de sus peregrinaciones teológicas al alejarse del fuerte énfasis en una continuidad entre el evangelio y la cultura que habían aprendido de sus mentores protestantes liberales. La historia de Martin Copenhaver es un buen ejemplo. El pastor principal de la Wellesley Congregational Church en Massachusetts, Copenhaver se describe así mismo como "un hijo del protestantismo liberal americano". La comprensión del evangelio con la que Copenhaver creció está muy bien captado, refiere él mismo, en una caracterización de la predicación liberal ofrecida por un amigo ateo: "Ustedes escuchan lo que dice el psicólogo, lo que dice el historiador, lo que dice el editor del The New York Times, y luego concluye el sermón con 'y quizá Jesús lo dijo mejor…'" Pero ahora Copenhaver predica un mensaje muy distinto, uno que se pone en contra de la "sabiduría acumulada de la humanidad". En vez de "quizá Jesús lo dijo mejor", siente la obligación de proclamar, "Lo has oído decir… pero Jesús te dice…"[2]

William Willimon, el bien conocido decano de la capilla en Duke University, presenta un caso similar. Willimon critica lo que él ve como el énfasis equivocado en la continuidad en la línea principal

---

[2] Martin B. Copenhaver, Anthony B. Robinson, y William H. Willimon, *Good News in Exile: Three Pastors Offer a Hopeful Vision for the Church* (Grand Rapids: Eerdmans, 1999), pp. 9-11.

del protestantismo. Por ejemplo, se enfrenta al obispo episcopal liberal John Shelby Spong al preguntar cómo una persona pensante puede esperar que la física científica hija de Spong crea en la resurrección corporal: "La respuesta, supongo", dice Willimon, "depende de la hija de Spong… ¿qué tan poca imaginación tiene su hija ahora?… no se puede culpar al texto si la gente moderna… vive con epistemologías tan limitadas que no les permita escuchar al texto". No podemos esperar que la gente escuche el evangelio, argumenta Willimon, cuando están "epistemológicamente esclavizados".[3]

En ocasiones parece que Willimon enfatiza las formas en que las trampas de los patrones particulares de pensamiento de la "modernidad" limitan la capacidad de la gente para entender el evangelio. Pero es claro que él y sus colegas también perciben un problema epistemológico más general. Cuando la gente no puede oír el mensaje de Cristo, ese mensaje "en sí mismo comparte algo de la 'culpa'… argumentando, como lo hace el evangelio, que la solución a nuestras aflicciones yace en algún lugar más allá de nosotros mismos".[4] No es suficiente, insisten, pensar en la "solución" de los evangelios sin también pensar en cómo Cristo redefine los problemas para los cuales su poder transformador es el remedio.

Buscando lo Común

Es alentador ver dentro del protestantismo histórico

---

[3] Erskine Clarke, ed., *Exilic Preaching: Testimony for Crhistian Exiles in an Increasingly Hostile Culture* (Harrisburg, Pa.: Trinity Press International, 1998), pp. 110, 130.
[4] Clarke, *Exilic Preching*, p. 134.

esta crítica perspicaz del antiguo optimismo liberal sobre el potencial de un espíritu humano ilimitado. Los calvinistas que han insistido durante mucho tiempo sobre la realidad de la antítesis entre los patrones cristianos y no-cristianos de vida y pensamiento deben sentirse especialmente gratificados por la aparición de tales motivos antitéticos. Y aunque me preocupa que el contraste hecho por estos críticos entre la consciencia redimida y no-redimida se expresa con demasiada crudeza, pienso que hacemos bien en aprender de sus advertencias, como también creo que tenemos mucho que aprender de la gente dentro de las filas calvinistas que ponen un énfasis sólido y persistente en la "diferencia".

Sin embargo, a pesar de todo, aún estoy convencido, y esto será claro en lo que sigue, que necesitamos buscar las bases adecuadas de lo común. Pero es importante buscar cuidadosamente. ¿Sobre qué base planteamos lo común entre aquellos que han puesto su fe en Jesucristo y aquellos que no lo han hecho? Esta pregunta tiene una importancia particular en cuanto tratamos de articular una perspectiva bíblica para el involucramiento cristiano en la vida pública en nuestro contexto contemporáneo. Nuestra presente situación cultural requiere nuevas formulaciones con respecto a lo común de la humanidad. En las eras pasadas, nuestras teologías cristianas de lo común fueron motivadas en parte por un deseo (de hecho, un sentido de obligación) de proveer alternativas a los influyentes sistemas no-cristianos de pensamiento donde un énfasis sobre lo común del hombre era predominante. Agustín, por ejemplo, estuvo de acuerdo con los platónicos en que una "luz" racional ilumina las mentes de todos los seres humanos, pero, insistió, las explicaciones platónicas para este fenómeno eran inadecuadas porque no reconocieron el ministerio de la "verdadera luz que ilumina a todos" (Juan 1:9), al Único cuya gloria hemos contemplado en la persona de Jesucristo. De forma similar, Tomás de Aquino se vio a sí mismo construyendo sobre, pero también corrigiendo, el relato de Aristóteles sobre nuestros potenciales humanos compartidos. Y muchos cristianos de la era moderna estaban ansiosos por proveer una base bíblica para el reconocimiento de la racionalidad universal que figuraba prominentemente en varias representaciones de la condición humana de la ilustración.

Sin embargo, ahora las discusiones cristianas sobre lo común adquieren un tono algo distinto, debido al énfasis generalizado sobre lo poco común. Todo esto es muy evidente no sólo en los muy visibles conflictos tribales y étnicos que ahora perturban la vida en muchos lugares del mundo, sino también en algunos patrones de la vida intelectual, donde pensadores prominentes están atacando la misma idea de una "meta-narrativa". Insisten en que no hay una vía legítima de articular una base para nuestra humanidad común, porque cada formulación de este tipo es opresiva. En esta línea de pensamiento, el intento de agrupar a todos los seres humanos bajo una "historia" común es, de hecho, nada más que un brutal ejercicio de poder, en que algunos grupos ejercitan un control hegemónico sobre otros. Como dice el auto denominado pensador "postmoderno" Iban Hassan, estamos viviendo en un "momento antinomiano" en que todos debemos reconocer la necesidad de "deshacer" y "deconstruir" todos los relatos "totalizantes" de la condición humana. Lo que significa este rechazo de "la tiranía de las totalidades", dice, es que debemos vivir con "una obsesión epistemológica en fragmentos".[5]

En tal clima, nuestra búsqueda por los fundamentos de lo común debe estar motivada por una fe que va contra la corriente de gran parte de la vida y pensamiento contemporáneos. Pero no es suficiente simplemente afirmar lo común. Es un tiempo importante para explorar los fundamentos cristianos subyacentes para una comprensión de lo que tenemos en común con aquellos que rechazan el mensaje bíblico. La tradición cristiana ofrece muchos recursos importantes sobre el tema de lo común, y muchos de estos recursos ahora están siendo explorados nuevamente en la medida en que los pensadores cristianos han comenzado a preocuparse del impacto cultural del relativismo que acompaña a la fascinación actual por las profundas diferencias. Un lugar obvio para mirar es la tradición de la "ley natural", y es gratificante ver cómo cristianos de muchas tradiciones, particularmente católico romanos y evangélicos, están comprometidos en diálogo sobre cómo los temas de la ley natural pueden ser adecuados para nuestro contexto contemporáneo.[6]

La discusión que sigue aquí es presentada con la convicción de que las discusiones calvinistas

---

[5] Citado en Richard Bernstein, *The New Constellation: The Ethical-Political Horizons of Modernity/Postmodernity* (Boston: MIT Press, 1992), p. 199.

[6] Ver, por ejemplo, los ensayos y diálogos en Michael Cromartie, ed., *Preserving Grace: Protestants, Catholics and Natural Law* (Grand Rapids: Eerdmans, 1997). Un tratamiento más sistemático es mostrado por la eticista católica-romana Jean Porter, en su libro *Natural and Divine Law: Reclaiming the Tradition for Christian Ethics* (Grand Rapids: Eerdmans, 1999), que incluye un prólogo amable por el filósofo reformado Nicholas Wolterstorff.

sobre la idea de la gracia común son una fuente importante para abordar los temas contemporáneos de lo común y lo diferente. Aunque no pienso que necesitemos escoger entre, por decir, ley natural y gracia común, sí veo estas discusiones de la gracia común como la incorporación de sensibilidades (que me tomo en serio como calvinista) que no están presentes en otras formas de abordar los tópicos. También estoy convencido de que gran parte del contenido importante en estos debates calvinistas ha estado escondido durante mucho tiempo del amplio mundo teológico cristiano. Mis esfuerzos aquí, entonces, son un intento de dar a las deliberaciones reformadas holandesas sobre la gracia común una exposición ecuménica más amplia.

2

Lecciones de los "Labadistas"

En la década de 1920, la cuestión de lo común era debatida intensamente, de hecho, con enojo y con resultados de división, dentro de la Iglesia Cristiana Reformada. En ese tiempo la mayoría del orden establecido en esa denominación calvinista holandés-americana había sido fuertemente influenciada por la idea, desarrollada extensamente por muchos teólogos en los Países Bajos, que, además de la gracia salvadora impartida sólo a los elegidos, Dios muestra una gracia común a la humanidad en general. Sin embargo, Herman Hoeksema, un pastor-teólogo prominente en Grand Rapids, Michigan, se opuso a esta idea. Hoeksema expuso su caso contundentemente y con mucho detalle, pero sus puntos de vista no fueron bien recibidos por la mayoría. En 1924, el sínodo de la Iglesia emitió una declaración oficial sobre el tema, insistiendo en que hay, de hecho, un tipo de actitud no-salvífica de favor divino hacia todos los seres humanos, manifestado en tres formas: 1) el otorgamiento de dones naturales, tales como la lluvia y el sol, sobre todas las criaturas en general, 2) la restricción del pecado en

asuntos humanos, por lo cual los no-redimidos no
pueden producir todo el mal que sus naturalezas de-
pravadas de otra manera pudieran realizar, y 3) la
habilidad de los no-creyentes de realizar actos de
bien cívico. El rechazo de Hoeksema a someterse a
estas enseñanzas aceleró su salida, junto con muchas
congregaciones y pastores que apoyaron su causa,
de la Iglesia Cristiana Reformada. Juntos establecie-
ron las Iglesias Reformadas Protestantes en 1925.[7]

Han pasado cerca de tres cuartos de siglo desde
que estalló la controversia entre los calvinistas holandeses, y los detalles de los debates se han olvi-
dado en gran manera —excepto dentro de la mem-
bresía de la denominación protestante reformada,
donde la doctrina de la gracia común aún sigue
siendo criticada.[8] No obstante, los temas subyacentes todavía son importantes. Para aquellos de nosotros que nos consideramos estar dentro de "la línea
principal" del pensamiento calvinista, es un ejercicio
útil, pienso, mirar atrás a los debates de la década de
1920 para ver qué relevancia pueden tener para
nuestros esfuerzos actuales para la comprensión de
la relación de la Iglesia con la cultura en general.

---

[7] Para el texto completo de los "tres puntos" de 1924, ver Herman Hoeksema, The Protestant Reformed Churches in America: Their Origin, Early History and Doctrine (Grand Rapids: First Protestant Reformed Church, 1936), pp. 84-85. El libro de Hoeksema también proporciona los textos de otros documentos relevantes y da el relato más detallado de los hechos que rodearon los procedimientos oficiales, tanto como su interpretación de los temas eclesiásticos y teológicos en cuestión.

[8] Ver, por ejemplo, Herman Hanko, For Thy Truth's sake: A Doctrinal History of the Protestant Reformed Churches (Grandville, Mich.: Reformed Free Publishing Association, 2000), un volumen publicado en ocasión del setenta y cinco aniversario de las Iglesias Protestantes Reformadas.

Nuevas Condiciones Sociales

Sin embargo, también es útil ser claro sobre cómo nuestra situación presente difiere de las condiciones que dieron surgimiento a las antiguas controversias. James Bratt ha argumentado convincentemente que los debates de la década de 1920 surgieron en el contexto de lo que él llama "la década decisiva de la americanización" para los calvinistas holandeses-americanos del medio oeste.[9] Los holandeses-americanos, muchos de los cuales fueron inmigrantes de la primera o segunda generación, se estaban abriendo gradualmente a la cultura más amplia. A medida que las costumbres americanas se volvieron más familiares, los conciudadanos de la sociedad en general no parecían tan "otros" como habían sido antes. Para muchos holandeses-americanos, la cuestión de "lo común", como se planteó en la discusión de la gracia común, tenía un tono positivo: ¿Cómo podían explicar las similitudes que estaban descubriendo al conocer mejor a sus vecinos no-holandeses? No quiero reducir los temas teológicos involucrados a cuestiones puramente sociológicas, sino simplemente reconocer el contexto social en que los debates teológicos adquirieron un sentido de conmoción existencial.

Para todos aquellos de nosotros que todavía vemos la gracia común como un tema teológico importante, el asunto de la americanización no es más un factor importante en la discusión. Los calvinistas holandeses-americanos y otros evangélicos que se veían a sí mismos viviendo en los márgenes de la

---

[9] James D. Bratt, Dutch Calvinism in Modern America: A History of a Conservative Subculture (Grand Rapids: Eerdmans, 1984), pp. 105-119, el comentario de la "década decisiva de americanización" está en la p. 119.

cultura dominante hace algunas generaciones, ya no están en posición de debatir *si deben* asimilar más de la cultura. Esa cultura dominante ha infiltrado nuestras vidas a través de nuevas tecnologías y la movilidad social en tal medida que nuestras conversaciones sobre la gracia común ahora quizá quedan mejor formuladas de esta manera: ¿Hasta qué punto lo común que hemos aceptado en la cultura que compartimos con nuestros vecinos no-cristianos ha comprometido nuestra entrega al evangelio?

El Clima Intelectual

También es importante tener en cuenta que los primeros debates sobre la gracia común tuvieron lugar en un tiempo cuando el pensamiento de la Ilustración dominó la ortodoxia intelectual de la cultura general. Los calvinistas holandeses que discutían entre sí eran conscientes de este hecho. Dados sus compromisos calvinistas, la idea de la Ilustración de que todos los seres humanos son, en última instancia, responsables ante una racionalidad universal "neutral" era repugnante tanto para aquellos que argumentaban a favor de la gracia común como para aquellos que argumentaban en contra. Al escribir unos sesenta años después del conflicto, Henry Stob destacó la falta de neutralidad de nuestras capacidades cognitivas. "El punto de vista desde el cual se examina el mundo", dice Stob, "no está teóricamente determinado: es elegido", y "la elección refleja una decisión religiosa. Es un acto de fe". Esto significa, insiste Stob, que el redimido y el no-redimido "ven, interpretan y entienden el mundo en formas radicalmente distintas", y la oposición "se extiende profundamente en el reino intelectual y afecta

significativamente todas las teorías".[10] Sin embargo,
la doctrina de la gracia común permitió a sus defensores encontrar algunos puntos positivos de con-
tacto con el pensamiento secular; Stob insistió en la
no-neutralidad sólo después de haber invocado la
doctrina de la gracia común para permitir una creación de "solidaridad de la humanidad [que] se extiende también al reino de la mente, donde una razón compartida hace posible para cristianos y no-
cristianos participar entre sí en un discurso inteligi-
ble y conducir diálogos y debates significativos".[11]

Repasando los comentarios de nuestro contexto
intelectual actual, incluso desde la corta distancia de
dos décadas después de que Stob escribiera sobre el
tema, estamos conscientes de que no resulta fácil hablar de una racionalidad común de muchos de nuestros contemporáneos secularistas. Es el énfasis sobre
las profundas diferencias lo que suena más familiar
hoy. En nuestro clima postmoderno, a los pensadores les gusta celebrar la muerte del "proyecto de la
Ilustración", argumentando en su lugar la "incon-
mensurabilidad" de diversas cosmovisiones y la au-
sencia de cualquier "meta-narrativa universali-
zante", e insisten en que todo razonamiento está
guiado por factores no-racionales. Por lo tanto, un
calvinista que enfatiza la solidaridad humana y una
racionalidad compartida en este contexto actual va
en contra de algunas perspectivas ampliamente sos-
tenidas en el pensamiento contemporáneo. Dado el

---

[10] Henry Stob, "Observations on the Concept of the Antithesis", en Pedro De
Klerk y Richard R. De Ridder, eds., *Perspectives on the Christian Reformed
Church: Studies in Its History, Theology, and Ecumenicity* (Grand Rapids:
Baker Book House, 1983), pp. 248-249.
[11] Stob, "Observations", pp. 248-249.

presente estado de confusión cultural, este cambio puede proveer suficiente motivación para una revisión de la teología de la gracia común.

Explorando un Misterio

El profesor Foppe Ten Hoor, un teólogo y personaje célebre en la Iglesia Cristiana Reformada durante la controversia sobre la gracia común de la década de 1920, nunca evitó un debate teológico, pero se mostró reacio a unirse a la contienda sobre la gracia común. Según un reporte, el profesor Ten Hoor afirmó públicamente "que había estudiado el problema durante cuarenta años, que estaba bastante seguro de que existía la gracia común, ¡pero que no sabía qué era!" El reportero aquí era Herman Hoeksema,[12] que obviamente tomó la declaración de Ten Hoor como una expresión de confusión teológica. Quiero ofrecer una valoración diferente. Pienso que Ten Hoor ofreció una perspectiva profunda sobre el tema de la gracia común.

Al igual que el profesor Ten Hoor, he estado reflexionando sobre este tema por cerca de cuatro décadas y he terminado prácticamente donde él lo hizo. Estoy convencido de que existe la gracia común, pero no estoy muy claro sobre qué es. Tampoco estoy avergonzado en admitir mi relativa ignorancia. Estamos aquí, estoy convencido, ante un misterio. Pero las obras de la gracia especial están envueltas también en un misterio, como nuestro Señor le recuerda a Nicodemo: "El viento sopla de donde quiere, y oyes su sonido; más ni sabes de dónde viene, ni a dónde va; así es todo aquel que es nacido

---

[12] Hoeksema, Protestant Reformed Churches, p. 67.

del Espíritu" (Juan 3:8).

Sin embargo, el velo del misterio sobre las operaciones de la gracia no justifica una simple retirada al agnosticismo. Si bien los caminos salvíficos de Dios son, en última instancia insondables, eso no significa que debamos rechazar aclarar al menos algunos de nuestros pensamientos sobre el tema. Podemos explorar el misterio de la gracia común en ese mismo espíritu.

Los debates sobre la gracia común han cubierto algunos temas muy complejos y no examinaré aquí todo el territorio. Mi enfoque específico será sobre la relevancia de las enseñanzas de la gracia común para nuestro entendimiento de la cultura en nuestro contexto contemporáneo. ¿Existe una gracia no-salvífica que actúa en los más amplios alcances de la interacción cultural humana, una gracia que facilite el deseo de parte de Dios de otorgar ciertas bendiciones sobre todos los seres humanos, elegidos y no elegidos por igual –bendiciones que proporcionen la base para que los cristianos cooperen con, y aprenden de, los no-cristianos?

Si bien mis propias simpatías están con los defensores de la gracia común, creo que hay buenas razones para poner mucha atención a las preocupaciones expresadas por los disidentes. De hecho, estoy convencido de que, si queremos usar los motivos de la gracia común de una forma sana, necesitaremos regularmente poner a prueba nuestros pensamientos y prácticas frente a los retos planteados por aquellos cristianos que critican la forma en que se han defendido esos motivos. En lo que sigue, entonces, intentaré prestar especial atención a aquellos puntos de vista disidentes.

La Antítesis y "la Mente Natural"

Los calvinistas típicamente han discutido la gracia
común en relación con la idea de *la antítesis*, una noción teológica que es considerada por pensadores de
ambos lados del debate que está en tensión con el
énfasis en la gracia común. Para los disidentes, el
mismo hecho de la tensión significa que el pensamiento de la gracia común debe ser rechazado. Los
defensores argumentan, por otro lado, que la tensión debe ser reconocida y aceptada.

El término antítesis, como observó Henry Stob
en su útil ensayo sobre el tema, se "deriva de *anti* (en
contra de) y *tithemi* (establecer)", y pretende representar "dos entidades, momentos o principios que se
contraponen entre sí".[13] El término adquirió vigen-
cia filosófica en los escritos de Kant y Hegel, pero fue
enlistado para un uso teológico especial por los pensadores holandeses "neo-calvinistas" del siglo diecinueve. Abraham Kuyper y otros se refirieron frecuentemente a la antítesis, con lo que se referían a la
oposición radical que caracteriza, en palabras de
Stob, a la "contienda real y contundente, aunque de-
sigual, que se libra entre Dios y Satanás, entre Cristo
y el Anticristo, entre la simiente de la mujer y la simiente de la serpiente, entre la Iglesia y el mundo".[14]

Por supuesto, la *idea* de la antítesis estuvo presente en el pensamiento calvinista desde el principio. Juan Calvino mismo incluso utilizó el término
en una manera que anticipó el sentido más técnico
desarrollado después en el calvinismo holandés del

---

[13] Stob, "Observations", p. 241.
[14] Stob, "Observations", p. 242.

siglo diecinueve. Cuando una persona se convierte, argumentó Calvino, Dios en su gracia transforma "una mala voluntad en una buena voluntad". De este modo, "la nueva creación… destruye todo de nuestra naturaleza común [depravada]". Esta acción transformadora es necesaria, observó Calvino al explicar la línea de razonamiento de Pablo en Efesios 2, debido a "la antítesis entre Adán y Cristo".[15]

El punto de vista de Juan Calvino sobre la capacidad de la mente no-regenerada para descubrir la verdad y la bondad han sido muy debatidas. Ciertamente es posible encontrar comentarios en sus escritos que pueden alentar el desarrollo de una doctrina de la gracia común. Por un lado, Calvino está convencido de que una pecaminosidad radical conducirá rápidamente a la ruina si no la reprime la restricción divina. Dios, nos dice, mantiene a raya los esfuerzos depravados de los seres humanos no redimidos "tirándoles del freno para que no se desmanden", especialmente cuando el Señor considera que hacerlo "conviene para la conservación del mundo".[16] Pero también Calvino utiliza términos más positivos para describir las capacidades de la humanidad caída. El pecado no destruye nuestra naturaleza social compartida, porque "existen ideas generales de honestidad y de orden en el entendimiento de todos los hombres. Y de aquí que no haya ninguno que no comprenda que las agrupaciones de hombres han de regirse por leyes, y que no tenga

---

[15] Juan Calvino, *Institutes of the Christian Religion*, ed. John T. McNeill, traducción Ford Lewis Battles (Philadelphia: Westminster Press, 1960), II. 3.6, pp. 297-298.
[16] Calvino, *Institutes* II. 3.3, p. 292.

algún principio de las mismas en su entendimiento.[17]

Los propios estudios legales de Calvino se habían centrado en los escritos de los antiguos juristas
romanos y retóricos, en especial Séneca, y estaba claramente consciente de su deuda intelectual con estos
pensadores paganos. Dice Calvino, "existe cierto conocimiento general del entendimiento y de la razón,
naturalmente impreso en todos los hombres", que,
"como quiera que son comunes a buenos y malos,
con todo derecho hay que contarlos entre los dones
naturales". De hecho, insiste, que todo ser humano
debe reconocer esta naturaleza racional implantada
como una "gracia peculiar de Dios".[18] Y cuando ob-
servamos este don en acción en los "escritores secu-
lares", Calvino aconseja que:

> Veamos en ellos esta admirable luz de la verdad que res-
> plandece en sus escritos, ello nos debe servir como testi-
> monio de que el entendimiento humano, por más que haya
> caído y degenerado de su integridad y perfección, sin em-
> bargo, no deja de estar aún adornado y enriquecido con
> excelentes dones de Dios. Si reconocemos al Espíritu de
> Dios por única fuente y manantial de la verdad, no
> desecharemos ni menospreciaremos la verdad donde
> quiera que la halláremos; a no ser que queramos hacer una
> injuria al Espíritu de Dios… estos hombres, que no tenían
> más ayuda que la luz de la naturaleza, han sido tan inge-
> niosos en la inteligencia de las cosas de este mundo, tales
> ejemplos deben enseñarnos cuántos son los dones y gracias
> que el Señor ha dejado a la naturaleza humana, aún des-
> pués de ser despojada del verdadero y sumo bien.[19]

De nuevo, es sencillo ver cómo los defensores

---

[17] Calvino, Institutes II. 2.13, p272.
[18] Calvino, *Institutes* II. 2. 14, p.273.
[19] Calvino, Institutes, II. 2.15, pp. 273-275

de la doctrina de la gracia común se apoderarían posteriormente de pasajes como estos. En efecto, dados aquí los comentarios de Calvino sobre las capacidades del "hombre natural" (casi en tono celebrativo) podemos estar tentados a preguntar cómo alguien en la tradición calvinista puede insistir sobre una valoración pesimista. No obstante, Calvino mismo proporciona otras declaraciones que demuestran menos optimismo sobre lo que un entendimiento no-redimido es capaz de producir. Cuando, en el pasaje sobre el tema citado arriba, Calvino atribuye a los no-redimidos cierta comprensión de los principios de la justicia cívica, rápidamente agrega una advertencia con respecto a "las disensiones y revueltas" que regularmente acompañan a las relaciones sociales "naturales". Incluso cuando el entendimiento humano "parece seguir el camino", observa, inevitablemente "cojea y va dando traspiés".[20] Y mientras Calvino reconoce que "Dios, queriendo mirar por el linaje humano, dota de virtudes singulares a los que constituye en dignidad" (produciendo así "los excelentes gobernantes de los que las historias nos hablan"), Calvino continúa observando que debido a que estos líderes están motivados por su propia ambición, sus "virtudes quedaron mancilladas y perdieron su valor ante Dios", así que todo cuanto en ellos "parecía digno de alabanza en los hombres profanos ha de ser tenido en nada".[21]

De manera similar, Calvino no deja que sus comentarios positivos sobre las virtudes específicamente intelectuales de los no-redimidos queden sin

---

[20] Calvino, Institutes, II. 2. 13, pp. 272-273
[21] Calvino, *Institutes* II. 3.4, p.294.

reserva. Si bien es cierto que "en la naturaleza humana, por más pervertida y degenerada que esté,
brillan ciertos destellos", dice, la luz sin embargo es
"sofocada por una oscuridad tan densa de ignorancia, que no puede mostrar su eficacia". El caído "entendimiento humano, a causa de su rudeza, es inca-
paz de ir derecho en busca de la verdad, y anda va-
gando de un error a otro, como quien va a tientas en
la oscuridad… así, él, al investigar la verdad deja ver
cuánta es su ineptitud para lograrlo".[22] El sínodo de
Dordrecht capturó muy bien los matices de la valoración general de Calvino en su artículo sobre "La
insuficiencia de la luz natural":

> *Bien es verdad que después de la caída quedó aún en el*
> *hombre alguna luz de la naturaleza, mediante la cual con-*
> *serva algún conocimiento de Dios, de las cosas naturales,*
> *de la distinción entre lo que es lícito e ilícito, y también*
> *muestra alguna práctica hacia la virtud y la disciplina ex-*
> *terna. Pero está por ver que el hombre, por esta luz de la*
> *naturaleza, podría llegar al conocimiento salvífico de Dios,*
> *y convertirse a Él cuando, ni aún en asuntos naturales y*
> *cívicos, tampoco usa rectamente esta luz; antes bien, sea*
> *como fuere, la empaña totalmente de diversas maneras, y*
> *la subyuga en injusticia; y puesto que él hace esto, por*
> *tanto se priva de toda disculpa ante Dios.*[23]

Los oponentes de las enseñanzas de la gracia común, entonces, no simplemente están en desacuerdo
con Calvino. Es posible que deseen que hubiera escogido sus palabras de forma diferente en algunos
puntos, como cuando, por ejemplo, describe la dis-
tribución indiscriminada de Dios del entendimiento

---

[22] Calvino, Institutes II. 2.12, pp. 270-271.
[23] The Canons of the synod of Dort, Capítulos III y IV, artículo 4, en Philip
Schaff, ed., The Creeds of Christendom, with a History and Critical Notes,
vol. III (Grand Rapids: Baker Books, 1996), p.588.

racional a los "buenos y malos" por igual como una operación de "gracia especial". Sin embargo, pueden afirmar que laboran dentro de los límites generales del pensamiento de Calvino.

Contra la Gracia Común

Una preocupación básica que subyace a todas las críticas específicas expuestas por los oponentes de la enseñanza de la gracia común tiene que ver con el uso de la idea de la gracia en este contexto. Como Hoeksema señala, los elegidos experimentan muchos males en su vida, tales como enfermedad, dolor y pobreza, pero seguramente estas cosas no deben considerarse como castigo divino sobre los piadosos. ¿Por qué entonces, pregunta Hoeksema, debemos tomar las cosas buenas que aparecen en las vidas de los impíos como evidencia de la gracia?[24] Creía que ver al no-elegido como alguien que se beneficia de la restricción del pecado, o de la lluvia y el sol que nutren las cosechas de los elegidos y no-elegidos por igual, es muy parecido a utilizar el término "bendición" para describir la experiencia de alguien que está disfrutando "un agradable paseo en trineo por una carretera hermosamente suave y resbaladiza que termina en un profundo precipicio". ¿Cómo, pregunta, podemos atribuir a la "gracia" algo que lleva a la "inevitable destrucción" del recipiente?[25]

Lo que la doctrina de la gracia común atribuye al favor divino, sus críticos lo ven como completamente explicable en términos de la obra de la

---

[24] Hoeksema, *Protestant Reformed Churches*, p. 313.
[25] Hoeksema, *Protestant Reformed Churches*, p. 307.

providencia. Si bien conceden que existen de hecho formas importantes en que la gente depravada se adecúa a los buenos propósitos de Dios para la creación, no creen que esto justifique nuestro pensamiento de que los no-elegidos reciben algún tipo de bendición de Dios, o a Dios obrando "internamente" en sus almas para hacerlos menos depravados. Según Hoeksema,

> El hombre natural… tanto en relación con todas las cosas creadas, por un lado, y con Dios por el otro, no puede, no podrá y no puede desear hacer la voluntad de Dios. Todavía es profeta, sacerdote y rey, pero del diablo y en pacto con él. Y aunque Dios en su providencia y por la Palabra de su poder sostiene su naturaleza como hombre y sostiene su relación con el universo, proveyéndole de este modo los medios para desarrollar y realizar su vida en el organismo de todas las cosas; con estos elementos el hombre siempre es el pecador, el impío, el objeto de la ira de Dios, reuniendo para sí tesoros de ira en el día del juicio final.[26]

Sobre el tópico de la capacidad de los no-redimidos para discernir y realizar actos de bien cívico, Hoeksema reconoce que los no-elegidos comprenden los principios que son necesarios para una vida social adecuada. Pero ya que tal persona "no busca a Dios, ni apunta a Él y a su gloria", el resultado real de todo esto es que utiliza sus esfuerzos sociales para rebelarse en contra de Dios, lo que también lleva a "efectos malignos sobre sí mismo y sus semejantes".[27] No debemos pensar en la capacidad de trabajar por el bien cívico como el resultado de una obra "interna" del Espíritu que modifica la naturaleza depravada al introducir intenciones virtuosas en la vida interna del réprobo: aunque existe cierto

---

[26] Hoeksema, *Protestant Reformed Churches*, p. 372.
[27] Hoeksema, *Protestant Reformed Churches*, p. 372.

respeto por la virtud y el buen orden y un comportamiento externo ordenado… internamente no es virtuoso en absoluto, sino incluso en este respeto por la virtud [es] un hedonista… [que] no ama a Dios, ni los preceptos de Dios, sino que busca cuidarse a sí mismo".[28]

La Amenaza del "Labadismo"

La pasión con que muchos de los defensores de la gracia común han rechazado los puntos de vista de Hoeksema y de otros críticos de su posición sobre la gracia común, es a primera vista, algo desconcertante. ¿Por qué esta cuestión en particular ha sido causa de divisiones? Uno está tentado a buscar más allá de los temas teológicos mismos otros tipos de factores explicativos. James Bratt hizo esto muy exitosamente, a mi juicio, al explorar las formas en que las controversias cristianas reformadas de la década de 1920 pueden examinarse a la luz del proceso de americanización. Podemos también probablemente ver algo de lo que los freudianos llaman "el narcisismo de las pequeñas diferencias", en que dos individuos o grupos están tan cerca unos de otros que las pequeñas diferencias entre ellos se vuelven muy grandes en su imaginación. Pero estoy convencido de que estas percepciones extra-teológicas no explican completamente la pasión que rodean a estas discusiones. Debemos hacer una investigación teológica adicional.

Sugiero que se puede encontrar una pista importante en la retórica que los defensores de la gracia

---

[28] Hoeksema, *Protestant Reformed Churches*, p. 384.

común utilizan al lidiar con sus críticos. Hoeksema
pone un emotivo ejemplo de esta retórica cuando recuerda con amargura cómo sus oponentes caracteri-
zaron su perspectiva teológica durante las controversias de la década de 1920: "¡todos los que se les
opusieron y rechazaron creer y proclamar esta teoría
de la gracia común, orgullosamente y con desdén los
tildaron de anabautistas![29] Esta táctica ha sido común en la tradición calvinista. Cuando las cosas se
ponen difíciles en una controversia intrarreformada,
a menudo llega el momento en que uno de los parti-
dos busca en el arsenal retórico y utiliza lo que para
todo el mundo parece ser el peor de los insultos que
un calvinista puede lanzar a otro: llamar a su oponente anabautista.

Desde el tiempo de la Reforma en adelante, los
pensadores calvinistas han estado ansiosos de representar al pensamiento anabautista como peligroso e
indigno de un serio compromiso teológico. Un buen
ejemplo es el artículo 36 de la confesión Belga de
1561, donde las iglesias reformadas proclaman que
"detestan el error de los anabautistas y otra gente se-
diciosa" por la forma en que ellos "rechazan a los
poderes superiores y magistrados, y pretenden de-
rribar la justicia, introduciendo la comunidad de
bienes".[30] Podían decir esto incluso aunque los anabautistas ya lo habían registrado hacía ya tres décadas, en la Confesión de Schleitheim de 1527, afir-
mando que el ejercicio de la espada es en efecto "ordenado por Dios" —aunque "fuera de la perfección
de Cristo" — en que "castiga y mata a los malvados

[29] Hoeksema, *Protestant Reformed Churches*, p. 16.
[30] Belgic Confession, Arti. XXXVI, en Schaff, *Creeds*, Vol. III, p. 433.

y guarda y protege a los buenos", y ahora es "ordenado para ser utilizado por los magistrados terrenales".[31]

El relato detallado de Willem Balke sobre las muchas disputas de Juan Calvino con los anabautistas[32], proporciona mucha evidencia de que las propias frustraciones de Calvino con los anabautistas tenían que ver con el hecho de que los anabautistas "superaron al calvinismo" de la comunidad reformada en al menos dos puntos importantes. El primero fue la disciplina de la iglesia. Los calvinistas eran muy críticos de los católicos y los luteranos por su falta de atención al papel de la disciplina en la comunidad cristiana, pero los anabautistas llevaron la disciplina incluso más allá que los calvinistas, insistiendo en patrones más estrictos de control comunal. Los calvinistas respondieron condenando a los anabautistas por exigir, en palabras de Calvino, "perfección angélica".[33] El segundo punto tenía que ver con la relación de la iglesia con el mundo. El calvinismo, habiendo comenzado su representación de la condición humana con un crudo retrato de la depravación humana, introdujo regularmente los tipos de modificaciones— que posteriormente mostraría la forma de una teología de la gracia común completa —que permitió a los calvinistas respaldar algunas de las cosas que suceden en la cultura general, especialmente el funcionamiento del gobierno civil. En este punto los anabautistas los acusaron de

[31]   The   Schleitheim   Confession,   Art.   VI, http://www.anabaptist.org/history/schleith.html
[32] Willem Balke, *Calvin and the Anabaptist Radicals*, traducción William Heynen (Grand Rabpids: Eerdmans, 1981).
[33] Calvino, *Institutes* IV. 12. 12, p. 1239.

inconsistencia, insistiendo en que una evaluación
negativa de la naturaleza humana no-regenerada re-
quería de una estricta postura de separación del
mundo. Aquí la respuesta calvinista presentó el tipo
de lenguaje condenatorio que vemos en la Confesión
Belga.

Hace varios años John Howard Yoder y yo uni-
mos fuerzas de ambos lados de la división refor-
mada-anabautista   para   argumentar   que   el
desacuerdo entre calvinistas y anabautistas no debía
ser entendido como disputa entre tipos teológicos
radicalmente diferentes, sino más bien como un argumento familiar. La alta intensidad de estas disputas, coincidimos, se debe al hecho de que las diferencias entre los dos grupos son de un carácter más íntimo que cualquiera de sus discusiones con, digamos, los luteranos o católicos. Esto es debido a que
el pensamiento anabautista es, en efecto, una radica-
lización de algunos de los principales temas calvinistas.[34] No nos debe sorprender, entonces, que algunos de los más apasionados debates dentro de la
comunidad reformada hayan abordado una agenda
similar a los argumentos reformados-anabautistas.

El término "Labadista" es otra etiqueta de contienda utilizado por los calvinistas para referirse a lo
que ven como tendencias de tipo anabautista *dentro*
del campo calvinista. Deriva de las enseñanzas de
Jean de Labadie, un jesuita del siglo diecisiete que se
convirtió al calvinismo y sirvió durante un tiempo
como pastor de una congregación reformada holandesa. Labadie alentó la formación de grupos de

---

[34] Cf. John H. Yoder, "Reformed Versus Anabaptist Social Strategies: An
Inadequate Typology" y Richard J. Mouw, "Abandoning the Typology: A
Reformed Assist", *TSF Bulletin* 8, no. 5 (Mayo-Junio 1985): 2-10.

compañerismo íntimo (gezelschappen) como un su-
plemento a los servicios de adoración más formales.
Sin embargo, con el tiempo, estos grupos se volvieron una red independiente de iglesias domésticas
guiadas por Labadie, quién emitió duras críticas de
la "mundanalidad" del cuerpo reformado más
grande. "Labadistas" se volvió, al igual que "Anabautistas", un término de reproche para cualquier
grupo que quería demasiada "perfección" en la iglesia, e instara a demasiada separación del mundo.[35]

Como el pastor-teólogo cristiano reformado
Leonard Verduin ha argumentado en cierto número
de sus escritos, no es accidental que temas de tipo
anabautista sigan dando a conocer su presencia dentro de la comunidad calvinista.[36] No son pensamientos ajenos que continúan abriéndose paso desde el
exterior; surgen de convicciones desarrolladas en el
seno de las iglesias. El profesor del Calvin Seminary,
William Heyns, señaló algo similar — aunque sin las
simpatías anabautistas de Verduin — en una carta de
1922 al ministro cristiano reformado J.K. Van Baalen,
que había escrito un panfleto bastante incendiario
presentando a Hoeksema y a sus asociados como
anabautistas. Heyns apoyó el sentido general de la
crítica de Van Baalen, pero lo reprendió por su

[35] Cf. F. Ernest Stoeffer, *The Rise of Evangelical Pietism*, Studies in the History
of Religions, vol. 9 (Leiden: E.J. Brill, 1965), pp. 162-169. Para ejemplos de
las acusaciones del Labadismo entre los holandeses reformados en
Norteamérica, ver James Tanis, *Dutch Calvinist Pietism in the Middle
Colonies: A Study in the Life and theology of Theodorus Jacobus Frelinghuysen*
(The Hague: Martinus Nijhoff, 1967), pp. 143-145, 151, 159, y William O. Van
Eyck, *Ladmarks of the Reformed Fathers, or What Dr. Van Raalte's People
Believed* (Grand Rapids: Reformed Press, 1922), pp. 189, 196.

[36] Ver, por ejemplo, Leonard Verduin, Honor Your Mother: Christian Reformed
Roots in the 1834 Separation (Grand Rapids, Mich.: CRC Publications, 1988),
p. 21.

retórica, indicándole que "habría hecho mejor en dejar fuera el epíteto de anabautista, que aquí sólo podía servir como una palabra de desprecio". Seguramente, escribió Heyns, Van Baalen no era ignorante
del hecho de "que las mismas cosas" que encontró
en el pensamiento de Hoeksema podían "también
decirse de los antiguos teólogos de la escolástica reformada".[37]

Estas observaciones son importantes para nuestra discusión de la gracia común. Si los anabautistas
merecen más respeto del que han recibido típicamente de los calvinistas, entonces los Labadistas no
deben haber sido condenados simplemente porque
se parecían a los anabautistas. Además, los más recientes críticos calvinistas de la gracia común no deben ser rechazados simplemente sobre la base de
que sus objeciones tienen similitudes con los puntos
de vista de los anabautistas y Labadistas.

La Relación Antitética

En el corazón de la crítica sustentada por Herman
Hoeksema a la teología de la gracia común, yace una
preocupación muy práctica sobre la vida de la iglesia. El énfasis que se hace de la comunalidad en la
teología de la gracia común, insiste Hoeksema, re-
sultará inevitablemente en la "aniquilación de la distinción entre la iglesia y el mundo, luz y obscuridad,
Cristo y Belial, justicia e injusticia".[38] Por supuesto,
ningún defensor de la gracia común invocará simplemente la "aniquilación" de las distinciones enu-
meradas por Hoeksema. Pero parece ser esencial

---

[37] Carta de W. Heyns a J.K. Van Baalen, 3 de Noviembre de 1922, Heritage
hall, Calvin College, traducción de Dirk Mouw.
[38] Hoeksema, *Protestant Churches*, p. 92.

para la gracia común pensar que la distinción entre "iglesia y mundo" no es exactamente la misma distinción que la que se mantiene entre "luz y obscuridad, Cristo y Belial, justicia e injusticia".

La manera en que Henry Stob explica la noción de la antítesis, por ejemplo, él rechaza la idea de que la relación antitética se mantenga entre clases específicas de gente como tales: elegidos y réprobos, regenerados y no regenerados, creyentes e incrédulos. "El hecho es", dice Stob, "que la antítesis, en el fondo" es entre pecado y gracia".[39] Y ya que la batalla con el pecado "también tiene lugar dentro del cristiano mismo",[40] y ya que la gracia común opera más allá de las paredes de la iglesia,[41] la antítesis no es una oposición que se mantenga entre la iglesia y el mundo como tal, sino entre la causa de Dios y la de Satanás, cada una de las cuales puede ser vista operando en las vidas de los cristianos y los no-cristianos por igual.

Herman Dooyeweerd defiende una visión similar de la antítesis en una situación muy concreta en los Países Bajo durante la década de 1940. Las experiencias de la segunda guerra mundial han tenido un profundo impacto sobre muchos calvinistas ortodoxos que habían enfatizado previamente un sentido estricto de separación del mundo. No obstante, la experiencia compartida de enfrentarse a un enemigo común con gente de diferentes religiones o creencias no-religiosas durante los horrores de la ocupación nazi, despertó sentimientos de solidaridad social que no desaparecieron simplemente

---

[39] Stob, "Observations", p. 251.
[40] Stob, "Observations", p. 246.
[41] Stob, "Observations", p. 251.

cuando terminó la guerra. El resultado fue la formación del Movimiento Nacional Holandés (Neder-
landse Volksbeweging), una organización que emitió un manifiesto declarando que, dada la necesidad
de formar "el consenso más grande posible entre los
diversos grupos religiosos y políticos" para la vida
holandesa de la posguerra, era claro que tanto "la
antítesis cristiana y la lucha de clases marxista ya no
son principios fructíferos para la solución de los problemas sociales de hoy".[42] Dooyeweerd estaba an-
gustiado por este hecho, y respondió con una serie
de artículos en que defendió extensamente la idea de
la antítesis. Al principio de la discusión también
aborda la cuestión de *entre* qué cosas existe la antítesis. Al igual que Stob, es reacio a verla como una
oposición entre grupos identificables de seres humanos. La antítesis, insiste, no debe ser pensada como
"una línea divisoria entre grupos cristianos y no-
cristianos. Es la batalla implacable entre dos principios espirituales que cortan a través de la nación y
de toda la humanidad.[43]

Pienso que Stob y Dooyeweerd tienen razón en
su insistencia de que, en un sentido importante, la
antítesis corta a través de toda la raza humana. Nosotros los cristianos no tenemos derecho a publici-
tarnos como modelos de justicia. Pero esto no significa que debamos simplemente hacer a un lado la noción de que la antítesis funciona como una relación
de opuestos entre dos grupos de gente identificable.

---

[42] Citado en *Roots of Western Culture: Pagan, Secular, and Christian Options*
de Herman Dooyeweerd, ed. Mark Vander Vennen and Bernard Zylstra,
traducción John Kraay (Toronto: Wedge Publishing Foundation, 1979), pp. 1-
2.
[43] Dooyeweerd, *Roots of Western Culture*, p. 3.

Cuando minimizamos la realidad de una profunda
línea divisoria entre dos grupos de gente real, la comunidad creyente y el resto de la humanidad, corremos el riesgo de deslizarnos hacia un tipo de enfoque fragmentario de las cuestiones de la verdad y
bondad: la iglesia tiene razón sobre este tema, pero
el mundo tiene razón sobre aquel, y otras cosas, un
patrón que puede debilitar nuestro sentido de lealtad a un pueblo llamado a luchar contra las seduc-
ciones de la era actual. O peor incluso, podría llevar
a una perspectiva donde los estándares generales de
lo "razonable" se vuelvan nuestro único punto de
referencia en la búsqueda de la justicia.

La alternativa adecuada no es, por supuesto,
simplemente absolutizar las percepciones o decisiones de esta o aquella comunidad cristiana. Stob y
Dooyeweerd nos advierten contra dicha postura.
Nuestra única verdadera autoridad es el Señor que
ha dado su Palabra a la iglesia como guía confiable
suprema para nuestro peregrinaje terrenal. Pero este
Señor también nos envía su Espíritu, que a su vez
distribuye los dones necesarios— profecía, discernimiento, sabiduría, conocimiento —a su pueblo en su
comunidad. Abraham Kuyper mismo enfatizó la
centralidad de esta vida comunitaria para nuestros
esfuerzos en la cultura general— hasta el punto de
que de hecho fue etiquetado como Labadista por sus
críticos de la Iglesia Nacional (Hervormed) por su
defensa a favor de "una manada pequeña" (Lucas
12:32) en medio del mundo".[44] Kuyper insistió en
que "la lámpara de la religión cristiana solo arde

---

[44] Abraham Kuyper, "Common Grace", en James D. Bratt, ed., *Abraham Kuyper: A Centennial Reader* (Grand Rapids: Eerdmans, 1998), p. 191.

dentro de las paredes [de la Iglesia]". Y aunque también argumentó que la luz de esa lámpara "brilla a través de las ventanas [de la iglesia] a las áreas más allá de ella, ilumina todos los sectores y asociaciones que aparecen a lo largo de un amplio rango de la vida y la actividad humana",[45] no hay duda de que Kuyper creyó de todo corazón que podemos discernir esa luz en el mundo en general sólo permaneciendo muy cerca de la lámpara que arde tan brillantemente en medio del pueblo de Dios.

Prueba de Efectividad

En 1998, la revista protestante reformada, The Standard Bearer, publicó una serie de artículos que reflexionaban sobre el legado de Abraham Kuyper, en ocasión del centenario de las conferencias Stone de Kuyper en Princeton. El editor, David Engelsma, escribió que "la cosmovisión de la gracia común ha probado ser una falla colosal". Ya que Kuyper consideró que sus puntos de vista sobre la gracia común proporcionan a la comunidad cristiana una base teológica para el ejercicio de la influencia cristiana en la cultura general, Engelsma observó que era justo examinar los frutos culturales reales productos de un siglo de esta teología. Ciertamente, señaló, los Países Bajos y los Estados Unidos no son más reformados de lo que fueron hace cien años— ni mucho menos. Y hay claros signos de un gran incremento en mundanalidad dentro de las comunidades reformadas de ambos países. En resumen, después de un siglo de la enseñanza de la gracia común, tanto el mundo

---

[45] Kuyper, "Common Grace", p. 194.

como la iglesia han empeorado.[46] Si bien quisiera desafiar algunos de los ejemplos que ofrece Engelsma de las iglesias y escuelas "completamente mundanas", pienso que está en lo correcto al insistir que debemos evaluar honestamente el fracaso del pensamiento de la gracia común en detener la marea de la maldad tan obvia en lugares como los Países Bajos y Norteamérica. Si vamos a juzgar las enseñanzas de la gracia común al buscar los frutos de la justicia en la cultura general— sin duda una prueba justa, dado el tono triunfalista en que estas enseñanzas han sido frecuentemente proclamadas —entonces debemos admitir algunas deficiencias graves.

Por supuesto, aunque preservar la fidelidad en la iglesia y evitar la iniquidad mundana son preocupaciones prácticas loables, también existen otros criterios que deben ser utilizados en la evaluación de la gracia común. Debemos ser diligentes en nuestros esfuerzos de descubrir, honrar y apreciar cualquiera de los dones de Dios que puedan obrar en la comunidad humana en general, y la enseñanza de la gracia común ha inspirado a mucha gente cristiana para participar en dichos esfuerzos. Varios de mis amigos evangélicos, la mayoría de ellos no confesionalmente reformados, me han dicho que las enseñanzas calvinistas sobre la gracia común fueron profundamente influyentes en su desarrollo como intelectuales cristianos. Como lo expresó un consumado erudito evangélico: "Cuando descubrí la doctrina de la gracia común, salvó mi cordura". La comunidad fundamentalista que lo había educado le había dicho

---

[46] David J. Engelsma, "The Reformed Worldview: 3. The Failure of Common Grace (cont.)", *The Standard Bearer*, 1 de Septiembre 1998, p. 462.

que toda "conocimiento mundano" era malvado.
Sin embargo, se halló respondiendo positivamente a
los elementos de los escritos de pensadores no cristianos. Le preocupaba que estuviera perdiendo su fe
hasta que aprendió sobre la gracia común y su
aliento para evaluar con discernimiento una variedad de puntos de vista cristianos y no-cristianos. La
gracia común le dio un marco para seguir su llama-
miento como un erudito cristiano.

El discernimiento es, por supuesto, un requisito
clave. Necesitamos la guía del Espíritu en nuestros
corazones y mentes mientras buscamos identificar
los rastros de la obra del Espíritu en la creación en
general. Y necesitamos cimentarnos en la vida y pensamiento de la comunidad donde el Espíritu actúa
abiertamente, regenerando a los pecadores y santifi-
cando su interior. En el mejor de los casos, las voces
"Labadistas" entre nosotros nos instan a ser claros
sobre nuestra identidad primaria. Debemos prestar
atención a sus advertencias, poniendo especial atención a los argumentos que exponen a nuestra consideración, para que no se adormezca nuestra sensibi-
lidad al poder seductor de los hábitos depravados
de pensamiento y acción.

Aunque algunos de nosotros también estare-
mos preocupados sobre otras maneras en que nuestras sensibilidades cristianas pueden ser embotadas.
Habiéndonos comprometido en la valoración de lo
que produce la gente no-cristiana, estamos convencidos de que hemos discernido en ocasiones lo que
Juan Calvino nos dijo que debemos esperar ver: una
mente incrédula que "aunque caída y pervertida en
su totalidad, está sin embargo vestida y

ornamentada con los excelentes dones de Dios". [47]
Tampoco debemos pensar que Calvino estaba hablando demasiado a la ligera cuando describió estos
dones como fluyendo de "una gracia peculiar de
Dios".[48]

[47] Calvino, *Institutes* II.2.15, p.273
[48] Calvino, *Institutes* II.2.14, p.273, énfasis mío.

3

El Brilla en todo lo Bello

En uno de sus sermones publicados, el teólogo
anglicano Austin Farrer describe sus esfuerzos para reconciliar sus convicciones teológicas sobre el pecado y la incredulidad con sus encuentros cotidianos con verdaderos incrédulos. En
sus días en la universidad de Oxford, solía asistir a
uno de los servicios evangelísticos del campus que
se realizaban regularmente para la comunidad universitaria. Ahí el predicador exponía típicamente un
contraste marcado entre la creencia y la incredulidad. Debemos someternos sin reserva a las afirmaciones del evangelio, instaba el evangelista, no se
permiten compromisos con la mundanalidad. Tal
predicación tuvo una influencia poderosa en la manera en que Farrer veía la realidad. Le permitió "ver
cuán bendito sería si pudiéramos vivir sólo para
Dios. Comparado con la limpieza de tal vida, nuestra confusión actual de objetivos, nuestra autocom-
placencia, nuestra mezquindad y nuestra vanidad
[parecerían] realmente obscuras".

Pero luego en su camino a casa después del servicio, se encontraba con un amigo no-cristiano que
instaba a Farrer a tomarse una copa en el bar. Farrer

sabía que aceptar la invitación de la persona sería se-
ñal de una debilidad de su determinación espiritual.
Pero su amigo persistía y Farrer de mala gana acep-
taba. Y, efectivamente, Farrer pronto se encontraría
disfrutando completamente esos momentos relaja-
dos. El humor del amigo era ciertamente irreverente,
pero Farrer encontraría de hecho que tal humor era
"de lo mejor por ser un poco perverso". No que esta
persona fuera un ateo absoluto, pero claramente caía
en la categoría evangelística de un no-convertido. A
medida que avanzaba la noche, las líneas claramente
trazadas en la representación del evangelista comenzaron a borrarse en la mente de Farrer. Tales líneas
no parecían encajar bien con el placer de la compañía de este amigo —tanto que Farrer estuvo tentado
de decirse a sí mismo: "¡Qué absurdo! ¡El viejo Robin
Johnson ciudadano del reino de las tinieblas! ¡Todo
esto es una tontería! Toma otro trago".[49]

Farrer sabía, por supuesto, que un cristiano no
puede simplemente dejarlo así, por lo que lucha por
darle un sentido teológico a este tipo de experiencia.
Cómo lidió Farrer con la tensión teológica no es suficiente para satisfacer mi alma calvinista: decidió
que simplemente podía orar por la conversión de su
amigo incluso mientras celebraba la bondad de la
"mera humanidad" del pecador. Ese puede ser más
o menos el lugar correcto para terminar, pero su
forma de resolver la batalla me parece un poco rá-
pida. Sin embargo, la tensión que describe es de hecho real. El viejo dicho: "Me gusta el cielo por el am-
biente y el infierno por la compañía" puede exagerar

---

[49] Austin Farrer, "The Charms of Unbelief", en *A Faith of Our Own*
(Cleveland: The World Publishing Co., 1960), pp. 13-14.

el caso —y también puede deslizarse al borde de la blasfemia. Pero señala un conjunto de temas que deben ser abordados si algunos de nosotros queremos mantener nuestra cordura teológica y espiritual.

Evaluaciones Extra-Salvíficas

Aquí, entonces, está la cuestión que quiero ahora explorar. ¿Cómo tomamos con la mayor seriedad la necesidad de ser claros sobre las líneas de la creencia y la incredulidad, entre aquellos que viven dentro de los límites de la gracia salvífica y aquellos que no, mientras que al mismo tiempo mantenemos una apertura a— incluso un aprecio activo por —todo lo que es bueno, bello y cierto que tiene lugar fuera de dichos límites?

Ningún cristiano que intente responder esta pregunta puede fallar en prestar atención los temas estrechamente relacionados con las disposiciones de Dios a este respecto. Esta es ciertamente la entrada del calvinismo a la discusión. Nuestros gustos y disgustos deben ajustarse en conformidad a lo que Dios aprueba o desaprueba. Y cuando restringimos nuestro enfoque a asuntos salvíficos, los patrones básicos de lo que agrada o no agrada a Dios son muy claros. Seguramente Dios tiene una disposición favorable hacia los elegidos, al elegir misericordiosamente señalarles la dirección hacia un glorioso destino celestial. Y no tiene una disposición favorable hacia los no-elegidos, desde que, en palabras de los cánones de Dort, "ha resuelto dejarlos en la común miseria en la que por su propia culpa se precipitaron".[50]

---

[50] Canons of Dort, Capítulo I, Artículo 15, en Philip Schaff, ed., *The Creeds of Christendom, with a History and Critical Notes*, vol. III (Grand Rapids: Baker Books, 1996), p. 584.

No obstante, una pregunta crucial es si las categorías salvíficas son adecuadas para cubrir todas las disposiciones de Dios hacia los seres humanos, tanto redimidos como no-redimidos. Más específicamente, ¿es el destino final de los seres humanos la única cosa en que Dios piensa al evaluar lo que pensamos, sentimos y hacemos? ¿Le preocupan las acciones y logros de las personas no-elegidas de una manera que no está vinculada directamente con los problemas de la salvación individual? Estas preguntas están en el corazón de la idea de la gracia común.

Permítanme substituir la historia de Austin Farrer con una que tiene una relevancia más directa para los calvinistas. En su biografía de George Whitefield, informa Harry Stout que, durante su extenso tiempo en Norteamérica, el evangelista calvinista formó una profunda amistad con Benjamin Franklin. Cualquiera que sepa algo acerca de las convicciones de estos dos hombres tiene que estar un poco sorprendido por el hecho de esta amistad. Whitefield mostró todas las características que usualmente se asocian con el término "puritano": una fuerte afirmación de las doctrinas calvinistas, una devoción a la rectitud moral y una conducta severa. Franklin por otro lado era bien conocido como un escéptico religioso dado a comentarios irreverentes, también tenía una reputación de ser un mujeriego.[51] Aunque obviamente no tenemos suficiente información para simplemente etiquetar a Franklin como uno de los no-elegidos, a partir de la evidencia disponible, dio todos los indicios para catalogarlo en esa categoría.

---

[51] Cf. Harry S. Stout, *The Divine Dramatist: George Whitefield and the Rise of Modern Evangelicalism* (Grand Rapids, Mich.: Eerdmans, 1991), pp. 220-233.

Ni existe alguna razón para pensar que Whitefield tenía una valoración distinta del estado del alma eterna de Franklin. Tenemos que asumir, entonces, que la principal razón por la que el evangelista calvinista escogió pasar tiempo con el escéptico religioso era porque simplemente disfrutaba de su compañía.

Ahora bien, aquí está lo que considero una pregunta importante: ¿Aprobó Dios el hecho de que Whitefield disfrutara de pasar tiempo con Benjamin Franklin? En un sentido, por supuesto, cualquier calvinista podría permitir una respuesta afirmativa a esa pregunta: podía haber habido algún objetivo importante ordenado por Dios por el cual la amistad entre los dos tuviera un significado predestinado importante. Pero quiero enfocarme en la cuestión sobre la amistad en sí misma. ¿Aprobó Dios las formas en que Whitefield disfrutó su relación con Franklin? ¿Vio el Señor el amistoso dar y recibir entre ellos dos como una cosa agradable de contemplar? ¿Fue el *compromiso* de Whitefield hacia Franklin— su preocupación sobre el bienestar físico de su amigo, su deseo de permanecer en la casa de Franklin cuando visitó Filadelfia, su dolor sobre algunas de las fechorías específicas de Franklin —fue todo ello algo que Dios quería que pasara, simplemente porque Dios mismo se preocupa acerca de lo que sucede en una amistad, incluso cuando uno de los amigos no está contado entre los elegidos? De nuevo, ¿cómo tomamos con la mayor seriedad la necesidad de ser claros sobre las líneas entre la creencia y la incredulidad, entre aquellos que viven dentro de los límites de la gracia salvadora y aquellos que no, manteniendo al mismo tiempo una apertura y un aprecio activo por todo lo que es bueno, bello y cierto que tiene lugar fuera de dichos límites? Y al comenzar a explorar esa pregunta, ya la he vinculado a una cuestión aún más básica: En nuestra apreciación, como pueblo elegido, de lo bueno, lo bello y lo cierto que tiene lugar fuera de esos límites, ¿estamos en algún sentido importante imitando el aprecio de Dios por tales cosas?

En el caso de que algunos calvinistas quieran evadir esta cuestión insistiendo en que realmente no hay nada fuera de los límites de la gracia especial que Dios pueda considerar correctamente como "bueno, bello y cierto", entonces debo apresurarme a señalar que existen obvios contraejemplos de esta negación en el trato de Dios con la creación no humana. Por ejemplo, en el relato de la creación de Génesis 1, Dios creó multitud de cosas vivientes para nadar en las aguas y cuando terminó miró a estas multitudes y expresó satisfacción en lo que vio. No hace falta mucha imaginación para pensar que Dios realmente tuvo placer al ver al águila emprender el vuelo por primera vez, porque el salmista nos dice que el Señor se regocija en lo que ha hecho (Sal 104:31). Hay una buena razón para creer que el Señor se siente complacido por las puestas de sol resplandecientes y las olas del océano rompiendo en una costa rocosa y un cerezo en flor y la velocidad de un leopardo en persecución —y todo esto sin la necesaria interferencia de los seres humanos, elegidos y no elegidos.

Una Gloria Más Grande
No creo que esté estirando mucho los patrones calvinistas de pensamiento al presentar este ejemplo. Si Dios es glorificado por su creación no humana, que

parece ser una afirmación bastante modesta de respaldar, luego parece razonable asumir que Dios se deleita en esos fenómenos creados no humanos. Y luego parece bastante plausible asumir que Dios se deleite en los varios estados de cosas humanas, incluso cuando se manifiestan en las vidas de los seres humanos no-elegidos.

Aquí es donde encuentro al pensamiento de Herman Hoeksema (y las formulaciones de muchos otros supralapsarianos que discuten los propósitos creadores de Dios) muy desconcertantes. Aquí está el típico comentario de Hoeksema: "en el consejo de Dios todas las demás cosas en los cielos y en la tierra están diseñadas como medios para la realización tanto de la elección como de la reprobación, y por lo tanto, de la gloria de Cristo y su Iglesia".[52] Aquí está otro: "Todas las cosas de la vida presente no son sino un medio para un fin eterno".[53] Así que el objetivo de llevar a los elegidos y a los reprobados a sus destinos eternos, para Hoeksema, es la meta divina, y todo lo demás objetivos aparentemente independientes deben ser vistos realmente como medios para el logro de esa única meta. Por lo tanto, Hoeksema está comprometido con una perspectiva en que los caminos del vuelo del águila y las olas del océano están ordenadas por Dios simplemente como medios para el objetivo de llevar a los seres humanos a sus destinos predeterminados, y en que el deleite divino en tales cosas está necesariamente

---

[52] Herman Hoeksema, *Reformed Dogmatics* (Grand Rapids: Reformed Free Publishing Association, 1966), p. 165.
[53] Herman Hoeksema, *The Protestant Churches in America: Their Origin, Early History and Doctrine* (Grand Rapids: First Protestant Reformed Church, 1936), p. 314.

conectado al papel que juegan en el cumplimiento del eterno decreto salvífico.

Encuentro esta creencia no menos desconcertante cuando la extiendo— como seguramente debe extenderse desde la perspectiva de Hoeksema —a las acciones de los seres humanos no-elegidos. Permítanme ser concreto: Pienso que Dios se deleita en el ingenio de Benjamin Franklin y en los golpes de Tiger Woods y en algunos párrafos narrativos bien elaborados en la novela de Salman Rushdie, incluso si estos logros son de hecho alcanzados por gente no-cristiana. Y estoy convencido de que el deleite de Dios en estos fenómenos no viene porque lleven a los elegidos a la gloria y a los no-elegidos a la separación eterna de la presencia divina. Pienso que Dios disfruta estas cosas por sí mismas.

Aprobación Moral

Los ejemplos que he dado hasta ahora puede incluirse, hablando generalmente, bajo la categoría de lo estético. Los anteriores ejemplos del deleite de Dios no involucran necesariamente la aprobación moral de la vida "interior" de la gente no-elegida. Cuando un poeta incrédulo hace uso de una metáfora adecuada, o cuando un jardinero de las grandes ligas mal hablado brinca alto en el aire para hacer una atrapada sorprendente, podemos pensar que Dios disfruta el evento sin aprobar necesariamente nada en los agentes involucrados— tal como podemos dar una alta calificación a una floritura retórica de un político cuyos puntos de vista sobre política pública despreciamos. Pienso que Dios también da valoraciones morales positivas a las personas no-elegidas.

Durante las protestas políticas radicales de la
década de los 60, era común distinguir entre aquellos que tenían un interés particular en proteger "el
sistema" y aquellos que estaban dispuestos a tomar
una posición en contra del estatus quo político y eco-
nómico. El escritor Norman Mailer caracterizó pro-
vocativamente a estos dos grupos como "alguaciles"
y "forajidos" — con el último grupo manteniendo el
tipo de moral y puntos de vista políticos que Mailer
aprobaba. Cuando muchos de los amigos de Mailer
recibieron la elección de John F. Kennedy a la presi-
dencia con considerable entusiasmo, Mailer estaba
convencido de que estaban engañados. No se dejen
engañar, les advirtió; porque a pesar de todo el encanto personal de Kennedy y su entusiasta charla sobre "las nuevas fronteras", él era todavía un alguacil
que buscaba frustrar las causas de los forajidos. Pero
recuerdo haber leído en algún lugar el relato de Mailer de cómo reaccionó a la muerte del presidente
Kennedy: en las semanas después de que el presidente fue asesinado, Mailer informó que se sorprendió de encontrarse cayendo en una profunda depre-
sión. Obviamente, a pesar del papel que había asignado a Kennedy en su esquema clasificatorio, había
de alguna manera desarrollado una fuerte admira-
ción por el joven presidente. ¿Pero cómo podía ser
esto? ¿Por qué sentiría tal sentido de pérdida sobre
la muerte de un poderoso alguacil? Mailer resolvió
su interrogante creando una nueva categoría: Kennedy en efecto había sido un alguacil, pero Mailer
decidió que Kennedy había sido "un alguacil fuera
de la ley".

Debo confesar que también encuentro necesario
crear terceras categorías de forma regular. Como

calvinista, acepto la clasificación fundamental de humanidad en dos categorías, los elegidos y los no-elegidos, y creo que mientras somos totalmente depravados, Dios capacita a su pueblo redimido para realizar actos de justicia que no serían posibles aparte de la gracia divina. Pero también soy testigo— regularmente, debo enfatizar —de actos de bondad de parte de los no-redimidos que claramente parecen estar en conformidad con los estándares de justicia revelados. Tampoco me inclino simplemente a desechar estos actos como nada más que obras de injusticia bien disfrazadas. Existe, por ejemplo, una gran diferencia moral entre los actos de los blancos valientes e incrédulos que arriesgaron, e incluso perdieron sus vidas, en la lucha de los derechos civiles americanos de los sesenta y los actos de aquellos incrédulos que cumplieron intencionalmente las ordenes de Hitler de exterminar a los judíos.

El reconocimiento de la necesidad de crear una tercera categoría no está ausente de las confesiones reformadas. Mientras que el Catecismo de Heidelberg hace el juicio sin reservas de que aparte de la gracia regeneradora de Dios somos incapaces de "cualquier bien",[54] los Cánones de Dort introducen un matiz apropiado, diciéndonos que todos nosotros somos "por naturaleza hijos de ira, incapaces de cualquier bien salvador"[55]— dejando así abierta la posibilidad de obras que son moralmente loables sin mérito de salvación.

---

[54] Heidelberg Catechism, Pregunta y respuesta 8, en Schaff, *Creeds*, Vol. III, p.310, énfasis mío.
[55] Canons of Dort, Capítulos III y IV, artículo 3, en Schaff, *Creeds*, Vol. III, p. 588, énfasis mío.

También se sugiere una tercera categoría, aunque de manera cautelosa, en el tratamiento de la bondad moral de la Confesión de Westminster:

> *Las obras hechas por hombres no-regenerados, aun cuando por su esencia puedan ser cosas que Dios ordena, y de utilidad tanto para ellos como para otros, sin embargo, porque proceden de un corazón no purificado por la fe y no son hechas de la manera correcta de acuerdo con la Palabra, ni para un fin correcto, (la gloria de Dios); por lo tanto, son pecaminosas, y no pueden agradar a Dios ni hacer a un hombre digno de recibir la gracia de parte de Dios. Y a pesar de esto, el descuido de las obras por parte de los no-regenerados es más pecaminoso y desagradable a Dios.[56]*

A pesar del decididamente tono negativo de estos comentarios, los teólogos de Westminster están dejando espacio para una medida de aprobación divina con respecto a las obras realizadas por los no-regenerados que, sin embargo, se conforman a los estándares revelados de Dios. Ya que el "descuido de [tales obras] es más pecaminoso y desagradable para Dios", tales buenas obras al menos desagradan menos a Dios. Aquí la implicación es que existe una categoría de actos morales realizados por los no-regenerados que son más agradables a Dios de lo que sería su incumplimiento.

Empatía Divina

Pero ahora quiero moverme a un territorio aún más amplio. Tanto defensores como oponentes de la idea de la gracia común la han descrito regularmente como involucrando una actitud de favor divino, aunque no necesariamente un favor salvador, hacia

---

[56] Westminster Confession of Faith, Capítulo XVI, Artículo 7, en Schaff, *Creeds*, Vol. III, p. 636.

los elegidos y no-elegidos por igual. Ahora quiero enmarcar los hechos en términos de la empatía divina. ¿Es plausible para nosotros pensar en que hay ocasiones que Dios mira favorablemente a los no-elegidos en el sentido de que tiene empatía por las experiencias muy reales de gozo y tristeza, tal como ciertamente lo hace por las de los elegidos?

Para mí esta pregunta tiene conexiones directas con algunos intereses prácticos que tengo al tratar de entender teológicamente lo que considero *ministerios de la gracia común*. Por ejemplo, un calvinista involucrado en ministrar a la gente en un programa de recuperación de alcoholismo auspiciado por un hospital, una vez me describió su situación de una manera muy conmovedora: "regularmente veo gente moverse de un tipo de esclavitud más bien desesperado a nuevas dimensiones de libertad en sus vidas. El cambio es a menudo muy dramático. Sin embargo, no es del todo obvio que al experimentar esta liberación de la adicción se hayan regenerado en el sentido clásico. Sus vidas han sido transformadas, pero no han llegado a conocer a Jesús. Quiero que se conviertan en cristianos. Sin embargo, también quiero celebrar lo que me parece que para para todo el mundo es un acontecimiento de 'gracia' en sus vidas. Mi teología reformada parece carecer de las categorías apropiadas para todo esto".

Está en lo correcto. Ciertamente nuestras típicas formulaciones de una teología de la gracia común no aplican directamente a su situación. Las declaraciones cristianas reformadas de 1924, discutidas antes, abordan estas tres áreas: 1) bendiciones "naturales", tales como la lluvia y el sol, 2) la restricción del mal en los asuntos humanos, y 3) actos positivos de justicia cívica. Estas tres categorías tienen poco que ver con las aparentes ocurrencias de la gracia que muchos de nosotros vemos en las vidas de los no-cristianos.

Tomemos el caso de una terapista cristiana aconsejando a una pareja no- cristiana cuyo matrimonio había sido seriamente lastimado por una relación adúltera del marido. La terapista les ayuda a ser honestos sobre las heridas, los miedos y los enojos que rodearon la infidelidad. Finalmente, llega el momento cuando el esposo reconoce entre lágrimas el dolor que ha causado y le pide perdón a su esposa. Ella se acerca a él con una ternura recién descubierta. Se abrazan, ambos sollozando. Es claro que intentan construir una nueva vida juntos. No han sido "salvados" en el proceso, pero la terapista está convencida de que ella ha presenciado— y ha sido un instrumento humano privilegiado en —un despliegue poderoso de gracia sanadora. Siente que ha reforzado el tipo de comportamientos y actitudes que Dios quiere para los seres humanos.

Una vez más, esta terapia no se incluye dentro del resumen de las obras de la gracia común como se establece en las declaraciones de la Iglesia Cristiana Reformada de 1924. Ciertamente no entra bajo la categoría de bendiciones "naturales", junto con el sol y la lluvia. Ni quiere verlas meramente como un caso de restricción del pecado. En las discusiones de la gracia común, la restricción del pecado a menudo ha sido ilustrado por el ejemplo de un perro rabioso al que se le impide hacer todo el daño que de otra manera pudiera hacer jalándole la correa. Ese tipo de imagen no satisfará el fuerte sentido de la terapista cristiana de que ha ocurrido algo

positivamente sanador en las vidas de la pareja ca-
sada. Su historia puede ser mejor ilustrada por aquella de un perro que comienza de repente a mover su
cola y a lamer la mano de la persona a la que gruñó
pocos minutos antes. La tercera categoría en la lista
de los cristianos reformados, la que postula actos positivos de justicia cívica, se acerca más a describir su
encuentro. Pero la plausibilidad de los casos usualmente asociados con esta categoría se ve reforzada
en el pensamiento calvinista por su papel en el amplio esquema providencial de cosas: facilitan que la
iglesia haga su tarea, o promueven el manteni-
miento y la preservación del orden cívico. Los calvinistas se han enfocado en los temas cívicos al hablar
sobre la gracia común porque históricamente los
pensadores calvinistas han estado especialmente interesados en la promoción del orden social. Pero no
considero que esos intereses sirvan para iluminar lo
que está sucediendo en este ejemplo terapéutico. El
asunto aquí no es primariamente la preservación del
orden, ni cómo esta transacción particular entre un
esposo y una esposa incrédulos contribuirá al bienestar de la comunidad cristiana. Este caso luce
como algo muy bueno en sí mismo, y una situación
en donde la gente cristiana puede suponer, con algún grado de confianza, que Dios está complacido
con lo que está pasando.

Estoy enfocándome intencionalmente aquí en
casos específicos que rara vez se consideran en las
discusiones sobre la gracia común. ¿Qué diría un
teólogo que niega la gracia común del caso que
acabo de plantear? ¿La terapeuta cristiana simplemente se dejó llevar por emociones engañosas
cuando derramó lágrimas de felicidad por estos

gestos de reconciliación? ¿Estaba equivocada al pensar que sus lágrimas eran lágrimas piadosas? ¿Estaba teológicamente confundida en su fuerte sentido de que el Señor mismo estaba involucrado en el gozo de esta reconciliación?

Pero una teología calvinista de la empatía también debe considerar cuidadosamente las emociones menos agradables. En pro de la claridad en algunas cuestiones importantes con respecto a esta empatía más negativa, quiero analizar un caso de lo que considero una crueldad indescriptible. No es el tipo de ejemplo que se presta a un análisis desapasionado, pero es importante, para el propósito de esta discusión, considerar honestamente un caso extremo de empatía negativa. Durante una masacre de "limpieza étnica" en Europa del Este, algunos soldados violaron a una mujer musulmana. En cuanto terminaron su malvado asunto, su bebe comenzó a llorar. Les rogó que no la mataran, sino que la dejaran en paz para que pudiera amamantar a su hijo. Uno de los soldados respondió agarrando a su bebe, cortando su cabeza y poniéndola sobre su pecho.

Una historia terrible que contar. Pero es precisamente nuestro sentido del horror, de coraje, lo que debemos mirar e intentar entenderlo teológicamente. Asumamos que esta mujer no era uno de los elegidos de Dios. Debo confesar que esta suposición no tiene absolutamente nada que ver con mi abrumador sentido de ira y tristeza cada vez que pienso sobre este terrible episodio. Ni puedo imaginar a algún calvinista, cual sea su particular teología sobre la gracia común, que no tenga el mismo tipo de reacción. Ciertamente nuestros corazones instintivamente están con la mujer. ¿Es un instinto santificado? ¿Es algo que llegaremos a pensar y sentir diferentemente como calvinistas una vez que hemos pensado teológicamente? En un nivel más básico: ¿También se parte el corazón de Dios cuando algo así sucede? ¿Es sólo el destino eterno de la gente involucrada lo único que influencia la valoración de Dios cuando ve un incidente así? ¿Si esa es su única base para valorar su relación con la situación, entonces porque sentimos dicha empatía por la mujer? ¿A qué se debe nuestro profundo sentido de violación a favor de ella por la crueldad humana que ha sido infligido sobre ella y su hijo?

La Necesidad de una Explicación

Uno de los pocos escritores calvinistas de la gracia común que aborda los casos más íntimos que invocan la empatía que considero aquí es Abraham Kuyper. Él reconoce la necesidad de dar cuenta de este tipo de situaciones cuando distingue entre lo que etiqueta como las operaciones "interiores" y "exteriores" de la gracia común. La segunda etiqueta cubre los tipos de logros colectivos, tales como los avances en el conocimiento científico y el florecimiento de las artes. Sin embargo, el primero, "es operativo", dice Kuyper, "donde quiera que se dé la virtud cívica, un sentido de domesticidad, amor natural, la práctica de la virtud humana, el mejoramiento de la consciencia pública, integridad, lealtad mutua entre la gente, y un sentimiento de vida piadosa.[57]

Los ejemplos que enumera Kuyper requieren

[57] Abraham Kuyper, "Common Grace", en james D. Bratt, ed., *Abraham Kuyper: A Centennial Reader* (Grand Rapids: Eerdmans, 1998), p. 181.

una explicación teológica, y aquellos pensadores calvinistas que rechazan cualquier tipo de obra "interior" de la gracia en las vidas de los no-elegidos pa-
recerían tener la tarea explicativa más desafiante.
Ciertamente parece obvio— al menos para mí —que
la manera más natural de ver estos casos es pensar
que Dios juzga que los estados internos de la pareja
incrédula que ha experimentado una reconciliación
marital son mejores que los estados internos asociados con su alienación anterior, y que el amor de la
madre musulmana por su hijo es mejor que la actitud de un padre que no se preocupa por el bienestar
de su hijo. Insistir que todas las experiencias subjetivas de los no-elegidos son de igual valor a la vista
de Dios requiere algunas explicaciones arbitrarias—
muy parecidas a los argumentos de aquellos que insisten en que todos los actos humanos son completamente de motivación egoísta, de modo que arro-
jarse sobre una granada para salvar las vidas de los
camaradas es egoísta en el mismo sentido y en el
mismo grado que robar un banco y matar a todos los
que presencian el crimen.

La insistencia de Kuyper de que existe una operación de gracia divina que opera en las vidas "internas" de los no-elegidos nos proporciona una interpretación calvinista plausible en al menos dos ni-
veles. Primero, provee un fundamento para lo que
parece ser una fuerte disposición cristiana no solo
para hacer una evaluación positiva de muchas acciones "externas" de la gente no-cristiana, sino también
para atribuir motivos "internos" loables para esas
acciones. En esta visión, el marido no-cristiano que
pidió perdón a su esposa pudo muy bien haber po-
seído un motivo moralmente apropiado para

hacerlo así— por ejemplo, pudo haber estado genuinamente arrepentido por violar la confianza que es
necesaria para mantener una relación matrimonial.

Pero, en segundo lugar, Kuyper reconoce que
cuando los pecadores operamos de hecho con motivos loables para hacer lo correcto, no podemos hacerlo mediante nuestras capacidades morales sin
ayuda, sino sólo en virtud de una operación divina
que obra dentro de nosotros. En la persona redimida
esto es claramente posible por causa del poder regenerador y santificador del Espíritu Santo. En su extensa discusión de la doctrina del Espíritu Santo,
Kuyper señala que sólo la tercera persona de la Trinidad puede efectuar "la formación del carácter, y la
disposición de la persona completa" en la vida del
creyente.[58] Si las personas no-redimidas, entonces,
también exhiben los motivos "internos" que reconocemos como la obra del Espíritu en las vidas de los
elegidos, aquí también el Espíritu Santo debe estar
operando, ya que "la obra del Espíritu Santo consiste
en guiar a toda la creación a *su destino,* al propósito
final, que es la gloria de Dios", y esta "gloria aparece
en la creación en varios grados y formas".[59] Esta
obra más amplia del Espíritu Santo complementa los
designios salvíficos de Dios en el mundo al obrar
"independientemente para producir en todas sus dimensiones y en desafío a la oposición satánica y el
pecado humano la manifestación plena de lo que
Dios tenía en mente cuando plantó esos núcleos de
desarrollo superior en nuestra raza".[60]

---

[58] Abraham Kuyper, *The Work of the Holy Spirit*, traducción Henri de Vries
(New York: Funk y Wagnalls, 1900), p. 24.
[59] Kuyper, *Work of the Holy Spirit*, p. 22.
[60] Kuyper, "*Common Grace*", p. 179.

John Bolt resume correctamente este aspecto sin duda misterioso de la obra del Espíritu en la forma de una serie de preguntas exploratorias:

> *Si podemos concebir teológicamente que el Espíritu Santo le dé el don de la vida a un incrédulo y aún más, que le dé a un incrédulo dones naturales (inteligencia, habilidad musical, un cuerpo sano y atlético), ¿por qué no podríamos concebir una obra de Dios el Espíritu Santo que influya providencialmente el corazón y la voluntad de un incrédulo para que él o ella realice actos constructivos y externamente virtuosos en vez de destructivos? ¿Cuál es el problema teológico, por ejemplo, al sugerir que el decreto del siervo ungido Ciro, de devolver a los judíos a su tierra natal, fue influenciado providencialmente por el Espíritu de Dios? ¿Cuál es el problema, particularmente si continuamos insistiendo que tales obras no son en absoluto "buenas" en el sentido del catecismo, sino que la obra del Espíritu de Dios es simplemente un medio por el cual nuestro Señor gobierna la historia humana, y así influye en la gente para realizar actos que aprueba porque "se refieren a un fin que Él [no sólo] aprueba" sino que de hecho ha decretado?[61]*

"La Gracia está en Todas Partes"

En el poderoso final del "The Diary of a Country Priest" (*El Diario de un Sacerdote de Pueblo*), una novela de Georges Bernanos, el sacerdote, cuya vida y ministerio se relata a lo largo del libro, yace agonizante, y el compañero sacerdote que ha sido llamado para administrar los santos óleos todavía no ha llegado. Su amigo expresa pesar, pero cuando muere el sacerdote pronuncia estas palabras: "¿Importa? La

---

[61] John Bolt, "*Common Grace, Thenomy, and Civic Good: Temperations of Calvnist Politics*", Calvin Theological Journal 33, no. 2 (Noviembre 2000): 237.

gracia está en todas partes".[62]

Algunos calvinistas le han dado su propio significado a este motivo de la "gracia está en todas partes". Abraham Kuyper, por ejemplo, vio la gracia no sólo como operando generalmente en los asuntos humanos; argumentó que también abunda en la naturaleza en general. La misma continuación de la creación como tal, insistió Kuyper, se debe al poder sustentador de Dios. Sin su directa actividad de apoyo, la creación se autodestruiría.

No todos los adherentes a la idea de la gracia común están de acuerdo con Kuyper sobre este punto. Henry Van Til, por ejemplo, se queja de que "Kuyper recurre a la especulación teológica cuando sostiene que, excepto por la gracia común, el mundo se abría derrumbado, como cuando un jarrón se estremece cuando uno le quita el soporte".[63] Van Til está en lo correcto, por supuesto, al discernir aquí un elemento de especulación teológica. Pero es difícil defender su observación adicional de que el punto de vista de Kuyper en este tema "no es la mejor tradición del pensamiento teológico".[64]

Dado el fuerte énfasis que los calvinistas han colocado sobre la libertad soberana de Dios, no debe sorprendernos que hayan llevado a menudo este tema directamente sobre sus descripciones de la relación de Dios con el orden creado. En su ensayo notablemente lúcido sobre los "milagros", por ejemplo, Henry Stob argumenta que, en el trato de Dios con

---

[62] Geroges, Bernanos, *Diary of a Country Priest* (New York: Carroll and Graf Publishers, 1989), p. 298.

[63] Henry R. Van Til, *The Calvinistic Concept of Culture* (Grand Rapids: Baker Book House, 1959), p. 230.

[64] Van Til, *Calvinistic Concept of Culture*, p. 231.

el orden natural, Dios "no está sujeto a reglas externas y no es responsable ante nadie más que a sí mismo". Así, dice Stob, nuestras formulaciones humanas de lo que llamamos "'las leyes de la naturaleza'… no son nada sino nuestras transcripciones de las formas acostumbradas de Dios. No son antes de, sino después de Dios; registran sus hábitos. Se 'sostienen' porque Dios suele viajar de la misma manera, pero no lo atan".[65]

Juan Calvino mismo prestó atención considerable a esta noción de que el orden creado se mantiene unido a cada momento por el decreto soberano de Dios. En su magistral estudio sobre la comprensión de Calvino de la relación de Dios con el orden creado, Susan Schreiner señala la centralidad de este tema:

> *El gozo que Calvino experimentó en las maravillas de la naturaleza ha sido bien documentado por los estudiosos de Calvino, pero es necesario recordar que este gozo presupone la fragilidad inherente de la creación; la naturaleza, en opinión de Calvino, no permanece ordenada en y por sí misma. Para Calvino, el carácter inherente de la creación no conducía al orden; sólo un gran poder divino podría preservar el gran orden que percibimos en el universo. La estabilidad de la naturaleza depende del "continuo regocijo de Dios en sus obras".[66]*

Para Calvino, como señala Schreiner, el mundo está envuelto a cada momento "por un 'diluvio de iniquidad', que debe ser continuamente restringido por Dios para que no se precipite y se trague la

---

[65] Henry Stob, *Theological Reflections: Essays on Related Themes* (Grand Rapids: Eerdmans, 1981), p. 24.
[66] Susan E. Schreiner, The Theater of His Glory: Nature and the Natural Order in the Thought of John Calvin (Grand Rapids: Baker Book House, 1991), p. 28.

tierra".[67] La amenazante iniquidad no es aquí primariamente humana. Sin la actividad constante del
"control" de Dios, toda la creación se deslizaría al
desorden. Y Dios no solamente debe guardar las
aguas del caos dentro de sus límites señalados, también debe continuamente "controlar a los animales
para que no salgan y devoren a la gente, también
debe controlar a la gente para que no se devoren
unos a otros". Para Calvino, "el 'control de la divina
providencia' frena a los malvados y al diablo para
que no derrumben todo el orden y hagan la vida im-
posible de vivir".[68]

Algunos comentaristas han sugerido que las
preocupaciones de Calvino sobre la fragilidad del
orden creado se derivan de un miedo muy personal
al caos.[69] Si es así, todavía se podría argumentar que
la neurosis del reformador ha resultado en una teología bastante sana. La noción de que el mundo
como lo conocemos está, de una manera muy fundamental, al borde del caos puede no haber funcio-
nado bien en los últimos siglos, cuando muchos pensadores dieron por hecho que la realidad exhibe un
orden racional intrínseco. Pero en nuestro tiempo,
cuando la misma idea de un cosmos ha sido "deconstruida", con el resultado de que el orden es a
menudo visto como una creación humana más que
una realidad a ser descubierta, haríamos bien en
considerar de nuevo los beneficios explicativos de
una perspectiva teológica que celebra el poder de un

---

[67] Schreiner, *Theater of His Glory*, p. 29.
[68] Schreiner, *Theather of His Glory*, p. 30.
[69] Ver William J. Bouwsma, *John Calvin: a Sixteenth Century Portrait* (New York: Oxford University Press, 1988), especialmente su capítulo "Calvin's Anxiety", pp. 32-48.

Dios soberano que es el único que puede proteger-
nos de una amenaza muy real del caos. El tenor de
nuestros tiempos hace de la proclamación de la versión calvinista de la "gracia está en todas partes" un
tema de especial importancia.

La Pregunta sobre la Gracia
En cuanto llega a la conclusión de su caso formulado
cautelosamente en favor de una teología de la gracia
común, Henry Van Til plantea la importante pregunta de si la gracia común es de hecho "gracia" en
el sentido simple de la palabra. Decide que es mejor
"colocar el término de 'gracia común' entre comillas", porque parece un poco extraño equiparar lo
que considera la muy real "bondad benéfica de Dios
para los pecadores no-elegidos" con las redentoras
"bendiciones que Dios concede a los pecadores elegidos en y a través de Jesucristo, el Mediador".[70]

Van Til tiene razón al plantear esta advertencia.
En el corazón de toda la religión evangélica está la
sensación de asombro ante los propósitos salvíficos
de Dios que está capturada de forma emotiva en las
preguntas expresadas elocuentemente de Charles
Wesley:

> *¿Y acaso podría recibir algún*
> *Beneficio de la sangre del Salvador?*
> *¿Murió por mí, yo la causa de su dolor?*
> *¿Por mí, quien lo perseguía hasta la muerte?*
> *¡Amor sublime! ¿Cómo puede ser*
> *Que, Tú mi Dios, murieras por mí?*

---

[70] Van Til, *Calvinistic Concept of Culture*, p. 244.

Cuando nuestra teología de la gracia se enfoca de manera central en la maravillosa demostración de un favor inmerecido que ocurrió en el Calvario, cuando fijamos nuestra mirada en el evento maravillosamente incomprensible de, en palabras de Spurgeon, "el gobernante justo muriendo por el rebelde injusto",[71] ¿de verdad queremos también usar el término "gracia" para describir el poder que mantiene a las moléculas juntas, que supervisa los ciclos de las estaciones, que planta en los corazones no-redimidos la capacidad para componer melodías agradables, y que fomenta en la gente no-redimida una disposición para vivir pacíficamente con su vecinos?

Pienso que no debemos tomar esta pregunta a la ligera. Aquellos de nosotros que nos gusta emplear la noción de Bonhoeffer de "gracia barata" para criticar a los beneficiarios de la gracia de Dios que rechazan promover la causa de la justicia en el mundo, también necesitamos pensar sobre las formas en que depreciamos la gracia cuando afirmamos su presencia en actos de simple justicia sin un acompañamiento de suplicas de misericordia ante el trono de Aquel que es el único que emite decretos que son perfectamente verdaderos y justos. Hacemos bien, entonces, en prestar atención a las dudas de Van Til sobre cualquier discurso de la gracia común que no ponga al menos comillas mentales sobre la palabra "gracia".

Sin embargo, es cierto que, en las disputas sobre la realidad de la gracia común, tanto defensores como críticos han identificado la idea de una actitud

---

[71] Charles Spurgeon, *All of Grace*, http://www.spurgeon.org/all_of_g.htm, sección 5.

no-salvadora del favor divino como el tema central. En este sentido es significativo describir, por ejemplo, el mismo acto de la creación del mundo como una obra de la gracia. Dios no tuvo que crear nada. Todo lo que existe debe su realidad al hecho de que Dios consideró favorablemente su existencia. Y también tiene sentido pensar que Dios muestra su benevolencia activa a sus criaturas humanas no-elegidas. Existe una empatía divina que se evoca cuando una mujer no-cristiana es brutalmente violada, o cuando tiene lugar una reconciliación marital entre dos completos secularistas. También Dios tiene un interés positivo en cómo los incrédulos usan los talentos dados por Dios para realizar obras de belleza y bondad. A falta de un mejor término, el poder que está operando en estas situaciones merece ser pensado como un tipo de "gracia".

Múltiples Propósitos Divinos

El punto de vista subyacente que estoy respaldando aquí postula múltiples propósitos divinos en el mundo. Para decirlo claramente: insisto en que a medida que Dios desarrolla su plan para su creación, está interesado en más de una cosa. Junto con la clara preocupación de Dios sobre el destino eterno de los individuos están sus designios para la creación en general. Tanto Herman Bavinck, como Abraham Kuyper, fueron claros en este punto: Estaban convencidos de que la Biblia explícitamente nos anima a esperar una cosecha escatológica de los frutos de los trabajos culturales humanos. Un texto clave para su argumento fue Apocalipsis 21:24-26, donde el apóstol prevé que las naciones de la tierra caminarán a la luz de la santa ciudad, "y los reyes de la tierra traerán su gloria y honor a ella… Y llevarán la gloria y la honra de las naciones a ella".

Sin duda, el autor guiado por el Espíritu está señalando aquí a algo que está envuelto en misterio. ¿Cómo, según el estado actual de las cosas en nuestro presente, contribuirá a esta manifestación final de gloria? ¿Y cómo es posible que el honor y la gloria de culturas paganas puedan ser traídas a la ciudad donde "no entrará en ella ninguna cosa inmunda" (Ap. 21:27)? Y ¿hasta qué punto podemos usar y disfrutar en el aquí y ahora aquellas cosas de las cuales todavía no ha sido quitada la maldición?

Aquellos de nosotros que respaldamos la idea de la gracia común haríamos bien en reconocer las formas en que sus enseñanzas frecuentemente han fomentado un espíritu triunfalista que ha alentado falsas esperanzas de una prematura transformación de la cultura pecaminosa. Pero a pesar de todo esto, los teólogos de la gracia común han, sin embargo, estado en lo correcto en insistir que el Dios que está desarrollando sus múltiples propósitos en esta era presente también llama a su pueblo a ser agentes de esos diversos objetivos del reino. Es importante para nosotros en estos días difíciles cultivar un sentido calvinista apropiado de modestia y humildad en nuestros esfuerzos por la fidelidad cultural. Pero no podemos rendirnos en la importante tarea— que los teólogos de la gracia común nos han recomendado – de trabajar activamente en discernir los designios complejos de Dios en medio de nuestro mundo profundamente herido.

Este tema de los propósitos divinos múltiples es obviamente un punto de controversia entre los calvinistas. De hecho, estoy convencido de que es el tema subyacente que está en juego en los largos debates intra-calvinistas entre "infralapsarianos" y "supralapsarianos". Si bien esos argumentos a menudo se han descrito como un excelente ejemplo de cómo la discusión teológica puede desviarse hacia disputas inútiles, pienso que esa valoración es equivocada; las discusiones infralapsarianas-supralapsarianas en realidad abordan cuestiones fundamentales sobre los propósitos de Dios en el mundo. En el siguiente capítulo exploraré la relevancia de esos debates para nuestro entendimiento de las formas en que la gloria del Creador "brilla en todo lo que es hermoso".

4

"Infra" versus "Supra"

En 1973 Theodore Kreps regresó al Calvin College para recibir un Distinguished Alumnus
Award (Premio al alumno distinguido).
Kreps había terminado sus estudios en el Calvin en
1917, obtuvo un doctorado en economía en Harvard y ganó reputación internacional como un eco-
nomista empresarial, pasando las últimas tres décadas de su carrera académica en la Standford University. En la recepción que se hizo en su honor, el
profesor Kreps me contó cómo había llegado a
Grand Rapids, Michigan, medio siglo antes, para
empezar su educación universitaria. Creció en una
pequeña comunidad agrícola calvinista holandesa
en Prinsburg, Minnesota; tenía poca esperanza de
tener una educación universitaria hasta que escu-
chó que las congregaciones cristianas reformadas
de Pella, Iowa, estaban patrocinando un concurso
de ensayos, siendo el premio principal una beca de
matrícula en el Calvin College. Se subió a un tren
de carga a Iowa y cuando llegó descubrió que tenía
veinticuatro horas para elaborar un ensayo sobre el
tema asignado: "El debate entre los infra y supralapsarianos". Compuso la obra ganadora del premio

mientras estaba sentado en una banca de parque.
Cuando terminó de contarme la historia, le pre-
gunte qué lado del debate defendió en su ensayo.
"Oh", replicó sin pausa, "¡siempre he sido un 'infra', por supuesto!"

Estaba intrigado por la parte del "por supuesto"
de su respuesta sin vacilar. No es que hubiera espe-
rado que respaldara el supralapsarianismo. El punto
de vista infralapsariano siempre ha sido la opinión
mayoritaria en la tradición calvinista, con el supralapsarianismo tolerado en el mejor de los casos. Lo
que me impresionó sobre la respuesta del profesor
Kreps fue que tuviera una posición sobre el tema. La
tendencia en estos días, al menos entre los principales pensadores reformados, es ver el debate infralapsariano versus supralapsariano como un seudo-
rompecabezas. Pero Kreps era obviamente una persona reflexiva y percibí seriedad en su declaración
con respecto a sus simpatías infralapsarianas. Sus
comentarios me inspiraron a tomar nota para hacer
por mí mismo algún día alguna exploración en este
vecindario teológico. Este ensayo es un paso mo-
desto en esa dirección.

Las Formulaciones Tradicionales
Las dos posiciones como se formulan tradicional-
mente proponen dos secuencias distintas para las
decisiones de Dios al crear el mundo, permitir la
caída de la humanidad y elegir algunas personas
para la salvación eterna mientras que asigna a otras
para la reprobación. El supralapsarianismo insiste
en que Dios primero decretó que habría cierto grupo
de seres humanos elegidos y otro grupo de réprobos; sólo entonces decidió Dios hacer que todo eso

sucediera al crear el mundo y permitir la caída en el pecado. Así el decreto de la elección y la reprobación fue antes de (o "supra") la decisión de permitir la caída. Los infralapsarianos proponen una secuencia distinta: primero Dios decidió crear el mundo, luego decidió permitir la caída; sólo después de estos decretos ocurrió la decisión divina con respecto a la elección y la reprobación. Así los propósitos de elección y reprobación de Dios fueron subordinados a (o "infra") la decisión de crear un mundo que llegaría a estar plagado con el pecado.

Entre los documentos confesionales reformados, los cánones realizados por el sínodo de Dordrecht entre 1618 y 1619 proporcionaron el tratamiento más detallado de estas cuestiones. Se acepta por lo general que la principal orientación de los cánones es sobre líneas infralapsarianas, describiendo a Dios como escogiendo elegir a individuos de entre una raza humana más amplia ya caída:

> *Esta elección es un propósito inmutable de Dios por el cual Él, antes de la fundación del mundo, de entre todo el género humano caído por su propia culpa, de su primitivo estado de rectitud, en el pecado y la perdición, predestinó en Cristo para salvación, por pura gracia y según el beneplácito de Su voluntad, a cierto número de personas, no siendo mejores o más dignas que las demás, sino hallándose en igual miseria que las otras, y puso a Cristo, también desde la eternidad, por Mediador y Cabeza de todos los predestinados, y por fundamento de la salvación.* [72]

Pero mientras que el sínodo de Dortdrecht

---

[72] *The Canons of the Synod of Dort*, Capítulo I, artículo 7, en Philip Schaff, ed., *The Creeds of Christendom, with a History and Critical Notes*, Vol. III (Grand Rapids: Baker Books, 1996), p. 582

obviamente favoreció el esquema infralapsariano, no condena la alternativa supralapsariana. El pronunciamiento oficial de las iglesias calvinistas ha expresado típicamente una disposición similar a tolerar ambas posiciones, como se ejemplifica en las "Conclusions of Utrech" (conclusiones de Utrech) publicadas en 1905 por las Iglesias Reformadas (Gereformeerde) de los Países Bajos. Mientras que los delegados del sínodo holandés reafirmaron el punto de vista infralapsariano como la enseñanza oficial de sus iglesias, también juzgaron que debido a que "el sínodo de Dort no se ha pronunciado sobre este punto en disputa", es importante para los cristianos Reformados no "molestar a cualquiera que personalmente mantenga el punto de vista supralapsariano".[73]

Objeciones Típicas

Sin embargo, una vez más, hay muchos teólogos que ven ambas formulaciones como fundamentalmente equivocadas. Ven muchas similitudes entre el debate infra versus supra y la discusión de los "ángeles en la cabeza de un alfiler" en la escolástica medieval. Para muchos dentro de la tradición reformada, es un ejemplo vergonzoso de cómo sus propios patrones de hacer teología se pueden desbocar; para los críticos fuera de la tradición, proporciona la base para una *reductio ad absurdum* (reducción al absurdo) de las premisas básicas del sistema.

Mas específicamente, las objeciones al debate parecen caer en al menos tres categorías. La primera

---

[73] "Conclusies van Utrecht, 1905", Traducción al inglés, en Christian Reformed Church's *Acts of Synod*, 1942 (Grand Rapids: Christian Reformed Publishing House, 1942), p. 352.

considera que este tipo de discusión exhibe una arrogancia intelectual. Uno de los hijos del gran líder político británico William Wilberforce contó una historia en su diario sobre la lectura de su padre de un bien conocido escritor calvinista. El anciano Wilberforce, obviamente exasperado con lo que encontró en la página impresa, exclamó, "¡Oh que diferente es esto a la Escritura! ¡Escribe como si se hubiera sentado en la junta del consejo con el Todopoderoso!"[74] Wilberforce estaba expresando una queja común sobre el calvinismo, una de la que Alfred Kazin se hizo eco en la primera línea de su reciente estudio del papel de la religión en la literatura americana: "En el principio, en Nueva Inglaterra, nuestros escritores eran calvinistas, absolutamente seguros de Dios y de todos sus propósitos".[75]

Mientras que este reclamo — de que los calvinistas piensan que pueden discernir patrones de pensamiento y acción divinos que deberían dejarse al reino del misterio —puede tener cierta legitimidad, no debemos respaldarlo tan rápido. Si los calvinistas se han equivocado al esbozar escenarios infralapsarianos y supralapsarianos, no puede ser determinado simplemente señalando la naturaleza especulativa de sus teorías. La tarea teológica como tal se nutre de la especulación. Dado ese hecho, deberíamos al menos estar dispuestos a probar la insistencia de Karl Barth de que estas formulaciones doctrinales tienen una especie de "utilidad eclesiástica",[76] así

---

[74] David Newsome, The Parting of Friends: The Wilberforces and Henry Manning (Grand Rapids: Eerdmans, 1993), pp. 47-48.
[75] Alfred Kazin, *God and the American Writer* (New York: Alfred A. Knopf, 1997), p. 3.
[76] Karl Barth, Church Dogmatics, vol. II/2, ed. G.W. Bromiley y T.F. Torrance (Edinburgh: T&T Clark, 1957), p. 131.

como la afirmación más específica de Richard Muller de que si bien la afición del calvinismo de construir sistemas sobre los propósitos eternos de Dios
"es de hecho una forma de especulación, ...es una
especulación guiada por las necesidades de la piedad".[77]

Un segundo tipo de objeción está estrechamente
relacionada con la primera: algunos creen que los infralapsarianos y los supralapsarianos asumen erró-
neamente que los temas que están abordando son
susceptibles a la argumentación lógica. En pocas palabras, su objeción es que el debate infra versus supra es un claro ejemplo de un pensamiento lógico
que se vuelve loco. También aquí no deberíamos respaldar esta objeción tan rápidamente. De hecho, ni
siquiera es claro que el defensor del debate infra versus supra deba aceptar los términos de esta objeción.
En vez de ver la situación simplemente en términos
del uso de la lógica, ¿por qué no pensar del infralapsarianismo y el supralapsarianismo como ejercicios
de teología narrativa? En esta forma de construir la
discusión, los partidarios de estas dos perspectivas
están estableciendo narrativas alternativas que están
destinadas a dar sentido a cuestiones que de otra
manera permanecerían desconectadas. Herman
Hoeksema nos advierte correctamente en contra de
ver al infralapsarianismo y al supralapsarianismo
como información sobre "lo que es primero o último
en el decreto de Dios". Más bien, nos dice, intentan
responder cuestiones tales como: "¿Qué en esos decretos se concibe como propósito, y qué como

---

[77] Richard A. Muller, Christ and the Decree: Christology and Predestination in
Reformed Theology from Calvin to Perkins (Durham, N.C.: The Labyrinth
Press, 1986), p. 182.

medio? ¿Cuál es el objeto principal en esos decretos, y qué está subordinado y supeditado a ese objeto principal?"[78]

Karl Barth también vio que los dos puntos de vista proporcionaban esquemas alternativos de explicación y propósito

Dios tenía y tiene un propósito primordial y básico que tiene que ser considerado y tomado en cuenta muy aparte de todos sus otros propósitos, y por lo tanto muy aparte de su propósito de crear el mundo y muy aparte del propósito posterior de permitir la caída del hombre. El propósito original y propio de Dios consiste simplemente en esto: que Él mismo, y su gloria, y más particularmente su misericordia y justicia, sean revelados entre los hombres y para los hombres mediante la salvación de algunos y la condenación de otros. A esta propia voluntad divina y al decreto de Dios, todo lo demás que Dios quiere está subordinado, como un medio interrelacionado para su realización".[79]

El infralapsarianismo, por otro lado, es menos preciso en su explicación. Barth observa que aunque el infra también insiste en que "el propósito eterno de Dios es revelarse y glorificarse a sí mismo", no proporciona detalles respecto al contenido de esta afirmación, rechazando declarar "cualquier conocimiento exacto tanto del contenido del plan primario y básico como de las razones para el decreto divino respecto a la creación y la caída".[80]

Una tercera objeción se centra específicamente sobre el contenido moral de los temas que se discuten. David Hume ofrece una declaración contundente de la objeción moral en una larga nota al final

[78] Herman Hoeksema, *Reformed Dogmatics* (Grand Rapids, Mich.: Reformed Free Publishing Association, 1966), p. 164.
[79] Barth, Church Dogmatics II/2, p. 128.
[80] Barth, Church Dogmatics II/2, p. 129.

de su Natural History of Religión (Historia Natural
de la Religión), donde apela a la autoridad del "Che-
valier Ramsay", quién, nos asegura Hume, "no era
seguramente enemigo de la cristiandad", pero
quien, sin embargo, expresaba una considerable in-
dignación por los temas básicos del calvinismo: "los
paganos más groseros", cita a Ramsay diciendo, "se
contentaron divinizando la lujuria, el incesto y el
adulterio, pero los doctores predestinatarios han di-
vinizado la crueldad, la ira, la furia, la venganza y
todo tipo de vicios obscuros".[81] Esta misma objeción
fue expuesta en considerable detalle (y con muchas
florituras retóricas) por William Ellery Channing, en
su ensayo de 1820, "The Moral Argument Against
Calvinism" (El Argumento Moral contra el Calvinismo). El calvinismo es una religión, argumenta
Channing, cuyo Dios hace cosas "de las cuales nuestras convicciones morales y sentimientos benévolos
retroceden con horror, y que si formaran nuestro
modelo, ¡nos convertirían en monstruos!".[82]

Una respuesta directa a esta objeción moral ten-
dría que proceder al menos en dos líneas. La primera
trataría en detalle con dos cuestiones básicas de la
teodicea que se plantean. La segunda exploraría la
muy real posibilidad de que, si bien los defectos morales alegados se muestran muy claramente en el
calvinismo, los mismos patrones de pensamiento

---

[81] David Hume, Principal Writings on Religion: Including Dialogues
Concerning Natural Religion and The Natural History of Religion, ed. J.C.A.
Gaskin (New York: Oxford University Press, 1993), pp. 191-192; citado de
Philosophical Principles and Revealed Religion de Ramsay (Glasgow, 1748-
1749), Parte II, p. 401.
[82] William Ellery Channing, "The Moral Argument Against Calvinism", en
William Ellery Channing: Selecting Writings, ed. David Robinson (New York:
Paulist Press, 1985), p. 118.

están al menos implícitos en cualquier perspectiva teológica que tome los detalles completos de la narrativa bíblica seriamente. Sobre este segundo punto, por ejemplo, Thomas E. Jenkins ha sugerido que Channing, al substituir un enfoque específico en el ejemplo y las enseñanzas de Jesús por las supuestas crudezas del calvinismo, simplemente transfiere el problema a una diferente arena— porque, como señala Jenkins, muchos de los rasgos del carácter que Channing encontró defectuosos en la representación calvinista de Dios, de hecho, también se muestran en el retrato evangélico de Jesús. Channing sólo puede defender su caso, entonces, haciendo un uso selectivo de los materiales sinópticos.[83]

No obstante, también existe un enfoque directo para abordar esta, así como otras objeciones, que desarrollaré en lo que sigue. Mi enfoque en esta discusión será sobre lo que veo como los temas más básicos que están en juego en el debate infralapsariano versus supralapsariano, así como en las críticas que se presentan en contra del marco en que ocurren esos debates. Los temas tienen que ver con, cómo se representa el carácter de Dios, cómo se debe interpretar la "gloria" divina, el estado de realidad creada en general, y las implicaciones de las posiciones infra y supra sobre cómo debemos entender nuestra humanidad.

El Carácter Divino

En su reciente estudio sobre cómo los teólogos

---

[83] Thomas E. Jenkins, *The Character of God: Recovering the Literary Power of American Protestantism* (New York: Oxford University Press, 1997), p. 101.

protestantes americanos han entendido el carácter
de Dios, Thomas Jenkins observa que la Biblia nos
presenta a un Dios que está caracterizado por una
"complejidad emocional".[84] No obstante, los teólogos que discute Jenkins parecen reacios a dar lo que
corresponde a esta complejidad. En vez de eso bus-
can formas de simplificar la vida psíquica de Dios,
por lo general apelando a modelos neoclásicos, sen-
timentales o románticos de bienestar emocional.

El debate infra versus supra puede ser visto, en
parte al menos, como un argumento sobre la complejidad psíquica de Dios. Ambas visiones, por supuesto, comienzan con un reconocimiento formal de
un motivo primordial divino: Dios es guiado en el
sentido más fundamental por un deseo de ser "glorificado". La posición supralapsariana rápidamente
identifica el proyecto por el cual Dios elige tener este
deseo satisfecho: llevar a los seres humanos elegidos
y reprobados a sus respectivos destinos. Este estado
de cosas— que es lo que Dios busca en el sentido
más básico —es alcanzado, entonces, por la decisión
de crear un mundo y permitir la caída en el pecado.

El punto de vista infralapsariano insiste en una
mayor complejidad en su tratamiento del contenido
de los designios autoglorificantes de Dios. El deseo
de Dios para su autoglorificación, en la narrativa infralapsariana, establece una trama más amplia
desde el principio. La decisión primaria es crear un
mundo habitado por seres humanos, un proyecto
que requiere, por razones solo conocidas por Dios,
permitir que el pecado entre en escena. Este desarrollo a su vez prepara el escenario para la selección de

---

[84] Jenkins, *Character of God*, p. 203.

un subconjunto de la humanidad caída para la redención, y al resto de la humanidad se le permite
continuar en su estado de rebelión. Si bien ambas
posiciones, entonces, dan por sentado que la "pasión
dominante" fundamental de Dios es la autoglorificación, cada una se mueve en una dirección diferente en su comprensión de cómo los designios creadores y redentores están destinados a ejemplificar
este proyecto básico de autoglorificación.

 ¿Qué vamos a hacer con sus diferentes formas
de representar el carácter divino? Herman Bavinck
clarifica las diferencias señalando que los supralapsarianos "subsumen todos los otros decretos bajo la
predestinación", mientras que el infralapsarianismo
"enfatiza la multiplicidad del decreto".[85] Existen al
menos dos fundamentos a los cuales los supralapsarianos apelan para rechazar el decreto "múltiple".
Uno es la doctrina de la simplicidad divina, que en
el pensamiento de Hoeksema, por ejemplo, significa
que, ya que el "consejo de Dios es uno", cualquier
intento de tratar la providencia y la predestinación
como decretos distintos es erróneo.[86] El segundo es
la insistencia en que la psique divina esta exclusivamente preocupada— con respecto al estado final de
"ser glorificado" que los planes de Dios están dise-
ñados para promover —con el estatus eterno de los
seres conscientes. En palabras de Hoeksema, "en el
consejo de Dios todas las otras cosas en el cielo y en
la tierra están diseñadas como un medio para la realización tanto de la elección como de la reprobación,

---

[85] Herman Bavinck, *The Doctrine of God*, traducción William Hendriksen
(Grand Rapids: Eerdmans, 1951), p. 385.
[86] Hoeksema, *Reformed Dogmatics*, p. 159.

y, por lo tanto, de la gloria de Cristo y su iglesia".[87]

Seamos muy claros sobre lo que se dice aquí: si le hacemos una pregunta a un supralapsariano sobre cualquier cosa que suceda en el universo, la respuesta completa y correcta debería ser articulada en términos de los destinos eternos de los elegidos y los réprobos. ¿Por qué Platón escribió la República? Para que los decretos de la elección y la reprobación puedan ser actualizados. ¿Por qué Babe Ruth conectó sesenta jonrones en una temporada? ¿Por qué el presidente Kennedy aprobó el plan de la invasión de la Bahía de Cochinos? ¿Por qué la bolsa de valores de Tokio experimento graves caídas durante 1998? En cada caso, la respuesta es que el objetivo final de estos eventos es promover la realización de la decisión de Dios con respecto a los seres humanos elegidos y reprobados.

El infralapsarianismo, por otro lado, al permitir una multiplicidad última de los propósitos divinos, está abierta a una pluralidad de respuestas a tales preguntas. No existe una razón, por ejemplo, para que un infralapsariano no pueda ver a Dios deleitándose en una exhibición de destreza atlética debido a que los propósitos finales que estén junto a, en lugar de estar subordinados al, objetivo de lograr la elección y la reprobación. Este es claramente el punto de vista de Bavinck. Citando a Twissus, insiste en que "los diferentes elementos del decreto no se mantienen entre sí en una relación meramente de subordinación, sino que están relacionados coordinadamente".[88] Para Bavinck, esto nos permite mantener

---

[87] Hoeksema, *Reformed Dogmatics*, p. 165.
[88] Bavinck, *Doctrine of God*, p. 391.

"que los decretos [divinos] son tan ricos en contenido como toda la historia del universo, porque esta
última es el desarrollo de los primeros".[89]

La Gloria de Dios

¿Cómo debemos entender las referencias a la "gloria" divina que aparecen frecuentemente en estas
discusiones? En algunas formulaciones del caso supralapsariano, el Dios que busca ser glorificado en
los decretos de elección y reprobación es representado como un ser completamente egocéntrico.
Hoeksema, por ejemplo, ve a Dios como "el único
que es egocéntrico y se consagra a sí mismo, [que]
busca y se encuentra a sí mismo en amor. Dios se
atrae a sí mismo, y está gentilmente dispuesto a sí
mismo. Está fascinado por su propio encanto. Se deleita en su propia belleza infinita".[90] Esto significa
que los estados de consciencia de Dios, aparentemente dirigidos por otros factores, son de hecho
contemplaciones de su propio ser autónomo. La satisfacción que Dios experimenta en el estado final
glorificado de los elegidos, como un ejemplo de esto,
es en efecto un deleite en su propia santidad; dado
que la iglesia alcanza su santidad sólo en Cristo,
tanto el sujeto como el objeto de la contemplación de
Dios de la santidad de los elegidos están localizados,
debidamente entendidos, dentro de la vida de la divina Trinidad.[91]

Existen algunos paralelos interesantes aquí con
los esfuerzos de los egoístas psicológicos para explicar todas las motivaciones humanas en términos del

---

[89] Bavinck, Doctrine of God. P. 387.
[90] Hoeksema, *Reformed Dogmatics*, p. 112.
[91] Cf. Hoeksema, *Reformed Dogmatics*, pp. 126-127, 614-615.

deseo de cada agente para promover su propio interés. Para citar algunos ejemplos a menudo discutidos, el piloto kamikaze que comete suicidio patriótico como un acto de devoción al emperador, o la madre que arriesga su vida para rescatar a su hijo de un edificio en llamas — cada uno de estos actos aparentemente dirigidos por otros factores, es interpretado por el egoísmo psicológico como autodirigidos. En algún sentido importante, prosigue el argumento, el piloto y la madre están guiados por el deseo de promover su propio bienestar individual. Quizá esperan una recompensa eterna, u obtienen satisfacción al realizar el acto, al pensar en el reconocimiento post mortem que se acumulará sobre su memoria.

No hace falta decir, desde una perspectiva reformada, que los tipos de objeciones que se pueden presentar en contra del egoísmo psicológico como una teoría general de la motivación humana, no aplican cuando se adapta como una explicación de la psique divina. Dios tiene todo el derecho en el universo de pensar en términos del propio interés divino. Así pues, si el reconocimiento del deseo básico de Dios de la autoglorificación resulta ser mejor entendido en términos de un completo ensimismamiento, que así sea. Pero si resulta o no de esta manera, se necesita más discusión. Por lo menos, cualquier noción de un completo ensimismamiento divino debe ser calificado por un reconocimiento del ser trino de Dios. Si consideramos que cada una de las tres personas de la Trinidad está eternamente comprometida con el bienestar de las otras dos, entonces cualquier conversación de un ensimismamiento divino debe verse como defectuosa.

Pero existen otras vías que explorar aquí también. La imagen del divino ensimismamiento que domina, digamos, la explicación de Hoeksema de los designios autoglorificantes de Dios se basa en gran medida en el motivo de la autocontemplación: Dios se encuentra a sí mismo atractivo, Dios se deleita en su propia belleza, etc.… Herman Bavinck, por otro lado, emplea imágenes más dirigidas a otros factores en su representación de los deseos autoglorificantes de Dios. Habiendo observado que "la manifestación de todas las excelencias de Dios es el objetivo final de todos los caminos de Dios", Bavinck nos insta a no pensar que esta máxima manifestación de las virtudes de Dios de alguna manera consiste en que los elegidos y réprobos alcancen sus destinos finales. Más bien, el estado final de los individuos sólo es "uno de los medios empleados para revelar las excelencias de Dios de una manera adecuada a la criatura". Como una manera de reforzar su énfasis en la complejidad de los designios revelados de Dios, Bavinck también nos advierte no asumir:

> Que en el estado eterno de los réprobos Dios revela exclusivamente su justicia, y que en el estado eterno de los elegidos manifiesta exclusivamente su misericordia. También en la iglesia, comprada con la sangre del Hijo, se revela la justicia de Dios, y también en el lugar de perdición existen grados de castigo y chispas de misericordia divina.[92]

De nuevo, para Bavinck, la actividad de autoglorificación de Dios es más que autocontemplación, incluye una motivación pedagógica dirigida hacia otros: "La idea del universo fue concebida por Dios

---

[92] Bavinck, *Doctrine of God*, p. 387.

de tal manera que es capaz de revelar su gloria y mostrar sus excelencias de una manera adecuada a la criatura… es una reproducción finita, limitada, inadecuada, pero verdadera y fiel del autoconocimiento de Dios".[93] En tal opinión, no utiliza la realidad creada meramente como un espejo opaco en que Dios puede discernir un esplendor reflejado; también es un escenario para la exhibición de esas excelencias en beneficio de la propia creación. Bavinck habla con elocuencia en su explicación de esta exposición:

> El "estado de gloria" será rico y glorioso más allá de toda descripción. Esperamos un nuevo cielo, una nueva tierra, una nueva humanidad, un universo renovado, un desarrollo constante y sin perturbaciones. Creación y caída, Adán y Cristo, naturaleza y gracia, fe e incredulidad, elección y reprobación – todos juntos y cada uno a su propia manera – son tantos factores, que actúan no sólo subsecuentemente sino también en coordinación entre sí, colaborando en vista de ese estado exaltado de gloria. En efecto, el universo tal como existe ahora junto con su historia, constituye una revelación continua de las virtudes de Dios. No sólo es un medio hacia una revelación más elevada y rica que todavía es futura, sino que tiene un valor en sí misma. Continuará ejerciendo su influencia también en la dispensación venidera, y continuará proporcionando material para la exaltación y glorificación de Dios por parte de una humanidad redimida.[94]

Teología de la Creación

Es precisamente el rango y la complejidad de este supuesto beneficio de la criatura que preocupaba a Karl Barth en su explicación maravillosamente

---

[93] Bavinck, *Doctrine of God*, p. 371.
[94] Bavinck, *Doctrine of God*, pp. 392-393.

lúcida de las diferencias entre las posiciones tradicionales infra y supra. Barth deja claro que sus simpatías están con los supralapsarianos— incluso aunque eventualmente rechaza algunas de las suposi-
ciones claves que son dadas por sentado por ambas
partes. Al tratar el decreto de la providencia como
anterior al de la elección, Barth argumenta, que los
infralapsarianos afirman que pueden discernir "en
las obras de la creación y de la providencia… cierta
bondad general y poder y sabiduría de Dios que corresponde a la misericordia y justicia específica de
Dios en la obra de la salvación".[95] Barth encuentra
rastros en esta perspectiva de la insistencia tomista
de que la predestinación debe ser vista como parte
de la providencia; insiste en que sólo puede contribuir a diluir nuestro entendimiento de la elección, lo
que a su vez lleva a un respaldo de la teología natural. De hecho, era esta tendencia, argumenta, la que
debilitó la capacidad de la teología reformada "para
resistir la Ilustración al principio del siglo diecicho,
ya que llevaba dentro de ella la semilla de la Ilustración teológica y su propia disolución".[96]

Desde que Barth registró estas observaciones
muchas décadas antes de que la comunidad intelectual comenzara a proclamar "el fracaso del proyecto
de la Ilustración", es interesante comparar las afirmaciones históricas de Barth con las explicaciones
"post-ilustración". Alasdair MacIntyre, por ejemplo,
estaría de acuerdo con Barth en que la teología reformada contribuyó a la emergencia del pensamiento
de la Ilustración, pero coloca la culpa en un punto

---

[95] Barth, *Church Dogmatics* II/2, p. 136.
[96] Barth, *Church Dogmatics* II/2, pp. 143-144.

muy distinto. Mientras que Barth piensa que los calvinistas, al separar los decretos de la redención y la
creación, reforzaban las tendencias de la teología natural que dieron lugar a una confianza en la racionalidad autónoma, MacIntyre se queja de que el calvinismo ayudó a preparar el camino para la Ilustración precisamente porque abandonó lo que MacIntyre ve como el genio del tomismo. Calvino y sus
seguidores, según la lectura de MacIntyre del pensamiento reformado, insistieron en que obedecemos
los mandamientos divinos por pura sumisión a la
inescrutable voluntad de Dios, y no porque— como
Aquino y otros habían enseñado —esas directrices
promuevan un *telos* humano generalmente discerni-
ble. Fue este abandono de parte de los pensadores
cristianos de una concepción racionalmente definida
del florecimiento humano que alentó la propagación
secularista de la idea de la razón autónoma, que, en
la visión de MacIntyre, se desintegraría inevitablemente, dejándonos con el "yo desnudo" del nihilismo contemporáneo.[97]

Es importante considerar si debemos escoger
entre las narrativas expuestas por Barth y MacIntyre, o si existe otra alternativa disponible. ¿Qué
tipo de proyecto reconstructivo deben buscar los
pensadores reformados en medio de la devastación
espiritual y moral de nuestro panorama "postmoderno"? ¿Debemos oponernos firmemente a

---

[97] Alasdair, MacIntyre, *After Virtue: A Study in Moral Theory* (Notre Dame,
Ind.: University of Notre Dame Press, 1981), 50-52; ver también MacIntyre, *A
Short History of Ethics: A History of Moral Philosophy from the Homeric Age
to the Twentieth Century* (New York: Macmillan, 1966), pp. 121-127. Discuto
la explicación de MacIntyre del pensamiento reformado en extenso en Mouw,
The God Who Commands (Notre Dame, Ind.: University of Notre Dame Press,
1990), pp. 55-75.

cualquier cosa que huela a teología natural? ¿O, es la recuperación de al menos algunos elementos de la tradición de la teología natural, una estrategia útil para contrarrestar el relativismo generalizado de nuestro día? Estas preguntas tienen una influencia importante en cómo la comunidad reformada se posicionará a sí misma en el diálogo contemporáneo entre aquellos que insisten en que no podemos abandonar ninguna particularidad cristiana al abordar cuestiones de política en la plaza pública y aquellos que abogan que empleemos, siempre que sea posible, un modo de discurso público con un atractivo más amplio para los ciudadanos de una variedad de creencias religiosas y no religiosas.

Estos son asuntos importantes que seguir, y las consideraciones que moldean nuestras estrategias no estarán muy lejos de las que se ciernen sobre los debates entre infralapsarianos y supralapsarianos. Es importante preguntar, por ejemplo, por qué Barth está tan convencido de que tratar a la creación y la elección como decretos separados — en el sentido de que ninguno es visto como un mero medio para la realización del otro —debilitará inevitablemente nuestra comprensión de la elección. ¿Por qué, por ejemplo, no podríamos argumentar como plausible que el rechazo a distinguir entre los dos decretos conduce típicamente a una lamentable reducción de los recursos teológicos disponibles para tratar con los temas importantes de la vida pública?

Sin duda, una apropiación reformada contemporánea del énfasis teológico natural necesitaría proceder más cautamente de lo que lo hicieron los tipos de explicaciones medievales a las que se opuso Juan Calvino. Calvino evitó cuidadosamente tratar

con nuestras capacidades religioso-cognitivas "naturales" como si fueran algo que la gente simplemente "tiene" en un sentido estático. Si bien los pensadores incrédulos pueden ofrecer "declaraciones
competentes y aptas sobre Dios aquí y allá", escribe,
siempre lo hacen con "cierta imaginación frívola".
La consciencia de Dios de los filósofos paganos, dice
Calvino, es como la de "un viajero pasando por un
campo en la noche que en un relámpago momentá-
neo ve a lo largo y ancho, pero la vista se desvanece
tan rápidamente que se sumerge de nuevo en la obscuridad de la noche antes de que pueda dar un
paso".[98] La observación de Calvino es importante
para nosotros, incluso aunque queramos representar la relación— o al menos la proporción —entre la
luz y las tinieblas de manera algo diferente (Calvino
reaccionó a los pensadores cristianos que enfatiza-
ban demasiado la luz). Cuando se nos dice que nuestra única elección es celebrar la obscuridad o malde-
cirla, haríamos bien en pensar más profundamente
sobre una perspectiva en que los relámpagos proporcionen a los viajeros atolondrados en la noche
vislumbres ocasionales de senderos olvidados hace
mucho tiempo.

¿Está Barth en lo correcto al insistir en que al al-
bergar estos pensamientos debilitaremos nuestra
comprensión de los propósitos electivos de Dios? El
penar así está relacionado con la forma en que vemos la misma capacidad de Dios para desarrollar
programas de decretos separados. Si Dios no puede
operar con más de una "pasión dominante",

---

[98] John Calvin, *Institutes of the Christian Religion*, traducción Ford Lewis
Battles, ed. John T. McNeil (Philadelphia: Westminster Press, 1960), II.2.18.

entonces sería, de hecho, una locura que los cristianos intentaran hacerlo; pero si Dios está comprometido tanto con la elección de los individuos para la vida eterna como con un programa distintivo de tratos providenciales con la creación en general, entonces es muy apropiado para nosotros presentar una multiplicidad similar en nuestras propias teologías.

Entendiendo la Humanidad

No obstante, no es justo para Barth abordar sus puntos de vista con relación a la creación y la elección sin reconocer también su propia solución propuesta a los problemas surgidos en los debates infralapsarianos versus supralapsarianos. Él rechaza la noción de que los objetos de los decretos de elección y reprobación sean "descendientes individuales de Adán"; la obra redentora de Jesucristo no debe ser vista, insiste, como un medio por el cual los dos grupos de seres humanos son llevados a sus respectivos destinos. Si estamos dispuestos a separar al supralapsarianismo de su marco tradicional, somos entonces libres de ver a Jesucristo como el objeto de los decretos de elección y reprobación, porque Él es aquel, insiste Barth, en quien Dios ha dicho tanto No como Si a toda la humanidad.[99] Este es un propósito intrigante, porque contribuye a remediar la inhabilidad tradicional del supralapsarianismo para abordar cuestiones de interés humano genérico. Ya que toda la humanidad está incluida en ambos el Si y el No que se le dirigió a Cristo, somos libres de ver los problemas de los seres humanos como tales, abarcados dentro del alcance de los propósitos redentores

---

[99] Barth, *Church Dogmatics* II/2, pp. 133, 140-141.

de Dios.

Mis propios escrúpulos sobre esta solución propuesta tienen que ver primeramente con mi convicción de que Barth subordina la elección de las personas a la elección de Jesucristo[100] en maneras que no coinciden bien con el alcance total de las enseñanzas bíblicas. Los tipos de dudas que tengo sobre este tema han sido explicados en detalle por otros, incluyendo a los teóricos que tienen considerable simpatía por mucho de lo que Barth dice en esta área en general.[101] Limitaré mi propio enfoque aquí a algunos de las preocupaciones subyacentes que Barth expresa al presentar su caso.

Las preocupaciones de Barth son dobles: primero, le preocupa el enfoque en los debates tradicionales sobre los destinos de los distintos individuos humanos, y segundo, disiente del énfasis infralapsariano sobre la humanidad creada que puede entenderse al margen de la redención. Al formular su primera preocupación, Barth afirma ver la amenaza de un "antropologismo" acechando bajo la superficie en las formulaciones tradicionales tanto del supralapsarianismo como del infralapsarianismo. La vulnerabilidad de los infralapsarianos yace en su insistencia de que, dado que la creación y la providencia son independientes del programa de la redención, las personas tienen cierta dignidad al margen de los decretos de elección y reprobación. Pero Barth ve a los supralapsarianos como incluso más susceptibles a una fijación individualista, porque ven el plan completo de la creación y la caída como dirigidos hacia

---

[100] Barth, *Church Dogmatics* II/2, pp. 3-506.
[101] Ver, e.g., Paul Jewett, *Election and Predestination* (Grand Rapids: Eerdmans, 1985).

el simple objetivo de llevar a las personas a sus destinos eternos. Esto significa, insiste, en que para el supralapsarianismo, "las personas X y Y son hechas la medida y el centro de todas las cosas en un grado que difícilmente podría ser superado".[102] Barth incluso sugiere que es más que una mera coincidencia que algunos supralapsarianos han sido Cartesianos.[103] Presumiblemente quiere establecer aquí un paralelo entre la representación de Descartes de la consciencia individual como el campo de prueba para todas las afirmaciones de verdad y un entendimiento de la vida cristiana en que las experiencias del yo individual están colocadas en el centro de las cosas. Según Barth, debido a que el punto de vista tradicional supralapsariano presenta a Dios como absorto en un "santo egoísmo", encontrando así la gloria misma de Dios en la elección y reprobación de los individuos humanos, hay un peligro de que los cristianos se vean atrapados en un egoísmo santo paralelo, en que ven a Dios como un "Dios por amor del hombre".[104]

Una estrategia correctiva obvia para el supralapsariano, por supuesto, sería reconocer el peligro asociado en un énfasis sobre la individualidad humana y establecer salvaguardas contra él. Si Dios está comprometido con un egoísmo santo, que así sea; nuestra tarea es evitar cualquier tendencia a imitar a Dios en esta búsqueda. Como sugiere C.S. Lewis en su ensayo "The Weight of Glory" (El Peso de la Gloria), la mejor manera de evitar pensar demasiado en la propia gloria es no negar la noción de la

---

[102] Barth, Church Dogmatics II/2, p. 137.
[103] Barth, *Church Dogmatics* II/2, p. 137.
[104] Barth, *Church Dogmatics* II/2, p. 136.

gloria de los individuos como tales, sino concen-
trarse en la gloria de alguien más. "Puede ser posible", dice Lewis, "que cada uno piense demasiado
en su propia gloria potencial en el futuro", pero "difícilmente es posible para él pensar muy seguido o
muy profundamente sobre la de su vecino. La carga,
o el peso, o la responsabilidad de la gloria de mi vecino debe ser puesta diariamente sobre mi espalda,
una carga tan pesada que sólo la humildad puede
llevarla".[105]

La segunda preocupación de Barth, sobre una
humanidad creada genérica, se dirige especialmente
a los infralapsarianos tradicionales, que dice:

> Conocían otro decreto de Dios al lado del decreto de la pre-
> destinación. Al menos teoréticamente, entonces, conocían
> otro secreto del hombre aparte del hecho de que es elegido
> o réprobo. Para ellos el hombre también era (y de hecho
> primariamente) la criatura de Dios, y como tal responsable
> ante Dios. Este punto de vista involucró un abblanda-
> miento en el entendimiento de Dios que es tanto peligroso
> como dudoso.[106]

Aquí también, aquellos de nosotros cuyos puntos de vista están siendo criticados por Barth no deberíamos negar la seriedad del peligro que está señalando; en vez de eso, debemos reconocerlo y trabajar para establecer salvaguardas. Al mismo
tiempo, sin embargo, necesitamos señalar los peligros que conlleva el abandono del "secreto" sobre
una humanidad creada entendida independientemente. Para exponer un caso de la experiencia personal: he sido muy consciente de estos peligros
como he enseñado y escrito sobre los temas éticos y

[105] C.S. Lewis, *The Weight of Glory and Other Adresses* (Grand Rapids: Eerdmans, 1965), p. 14.
[106] Barth, *Church Dogmatics* II/2, p. 137.

culturales en los alrededores del calvinismo tradicional. Un tema que ha ocupado un lugar destacado
en mi propia agenda es la aplicación de la teoría clá-
sica de la guerra justa a los modelos violentos de la
vida contemporánea. A primera vista, un proyecto
de este tipo no debería ser difícil de promover para
un calvinista tradicional. Después de todo, Juan Calvino mismo articuló regularmente la perspectiva de
la guerra justa, y a menudo con una elocuencia considerable. En un momento en las *Instituciones*, por
ejemplo, insta a los magistrados que están contem-
plando el uso de la violencia a realizar un cuidadoso
examen de sí mismos: "no se dejen llevar", advierte,
"por la ira o el odio, o arder con implacable severidad". Sino más bien, escribe (apelando a la autoridad de Agustín), deben "tener piedad de la naturaleza común en aquel cuya falta especial están casti-
gando".[107]

Si bien este es un pasaje clave para enseñar la
teoría de la guerra justa a los calvinistas, a menudo
he detectado perplejidad cuando los cristianos reformados tradicionales son confrontados con el punto
de Calvino aquí. ¿Cómo cuadra con otras creencias
calvinistas importantes? Después de todo, ¿la raza
humana no está dividida en dos clases de gente, los
elegidos y los réprobos? ¿Por qué entonces estamos
tan preocupados por "tener piedad de la naturaleza
común" que compartimos con ellos cuando Dios los
mira con pleno conocimiento de los destinos tan distintos — y poco comunes — de estas dos clases?

Una manera de responder a estas preocupaciones es trabajar dentro del marco del

---

[107] Calvino, *Institutes*, II.8.51.

supralapsarianismo clásico: no somos Dios, no operamos con un claro sentido de quién es elegido o re-
probado. Así que la posición supralapsariana al menos implica que necesitamos proceder con consciencia de nuestra finitud. La venganza es asunto del Señor. Nuestra tarea es tratar incluso a los aparentes
réprobos como gente potencialmente elegida de
Dios. Esta es una línea coherente de pensamiento,
pero no la encuentro éticamente atractiva, porque da
por sentado que los únicos objetos propios de nuestra buena voluntad son aquellas personas que no sabemos que sean réprobos. El subtexto del argumento es que, si pudiéramos saber con certeza que
una persona es designada por Dios como un réprobo, tendríamos una buena razón para considerar
a esa persona como alguien que no merece nada en
esta vida, sino tal vez tanto sólo un indulto temporal
de una medida total de ira eterna.

En contraste, el supralapsarianismo revisado de
Barth obviamente permite una evaluación más positiva de nuestros enemigos. Dado que Dios ha diri-
gido tanto un *No* como un *Si* a ellos en Jesucristo,
podemos cumplir el requisito de Calvino de que pre-
supongamos una "naturaleza humana común" con
nuestros enemigos mientras los vemos (en una
buena manera supralapsariana) dentro de las categorías de la elección y la reprobación. Pero para
aquellos de nosotros que no estamos convencidos
por el razonamiento de Barth para su visión revisio-
nista, nuestra única opción es enfatizar los lazos que
se mantienen dentro de la humanidad creada común— que los cánones de Dort refieren como esa
"raza humana completa" cuyo estatus en el plan de
Dios no está gobernado únicamente por el programa

redentor. Para mí al menos, esta perspectiva proporciona un marco reformado útil y necesario para tratar con los temas de la guerra y la paz, así como otras cuestiones humanas urgentes.

Materializaciones Sociales

No es raro para los comentadores sobre las diferencias entre los supra e infralapsarianos, al inclinarse a favor de un lado de la disputa, reconocer que la otra posición, sin embargo, plantea un útil recordatorio de algo importante. Permítanme también ofrecer tal concesión. Si bien mis propias simpatías están claramente con los infralapsarianos en su comprensión de Dios y de los tratos de Dios con la realidad creada, debo confesar que encuentro espiritualmente provechoso luchar con la imagen presentada por los supralapsarianos. Como calvinista, necesito que me recuerden que mis propias objeciones morales y estéticas jamás serán suficientes para rechazar seriamente considerar las descripciones más crudas asociadas con los puntos de vista supralapsarianos.

En su reciente libro que explora los tipos de espiritualidad asociada con los paisajes silvestres, Belden Lane cita el reclamo teológico del vicario fallecido en la novela de John Updike "A Month of Sundays" (Un Mes de Domingos). Cansado de una "teología afeminada" que se apropia de temas psicológicos para atender las necesidades de una generación de auto realizadores, el reverendo Thomas Marshfield suplica, "¡Dejémoslo en sus jarras de piedra o no lo tengamos en absoluto!" Lane encuentra algo convincente sobre este manifiesto. "¿Por qué un estallido calvinista de Connecticut tan duro y desmesurado", pregunta, "golpea dentro de nosotros

una cuerda profética tan profunda? En una sociedad
que enfatiza las posibilidades ilimitadas del yo individual, resulta una extraña frescura el ser confron-
tado por un Dios insondable, indiferente a las necesidades mezquinas y autoconscientes que nos con-
sumen".[108]

La confesión personal de Lane captura algo de
mi propio estado de ánimo teológico al tratar los temas que he estado discutiendo; sin embargo, en el
análisis final, encuentro que también estoy profundamente afectado por lo que veo que es la materiali-
zación social de las posiciones infralapsariana y supralapsariana. Alasdair MacIntyre plantea la intrigante sugerencia de que cada "filosofía moral... pre-
supone característicamente una sociología", de tal
manera que "todavía no hemos entendido completamente las afirmaciones de cualquier filosofía moral hasta que hayamos explicado cómo sería su ma-
terialización social".[109] En una línea similar, pro-
pongo que cada sistema teológico también tiene una
sociología asociada, de modo que podamos comprender completamente las afirmaciones de una
perspectiva teológica sólo si intentamos ver cómo
luciría si esas afirmaciones se encarnaran en la vida
de la comunidad. Por lo tanto, un examen de tal
vínculo puede ser usado para probar cautelosamente la idoneidad de la posición teológica en cuestión. ¿Qué tipo de sermones serían predicados?
¿Cuáles serían los patrones de formación espiritual?
¿Cómo se tomarían las decisiones eclesiásticas?
¿Cómo se tratarían los esposos entre sí, y cómo

---

[108] Belden C. Lane, *The Solace of Fierce Landscapes: Exploring Desert and Mountain Spirituality* (New York: Oxford University Press, 1998), p. 53.
[109] MacIntyre, *After Virtue*, p. 22.

criarían a sus hijos? ¿Cuál sería el carácter del evangelismo, consejería y catequesis de la comunidad? ¿Cómo lidiarían los miembros de la comunidad con los apremiantes problemas de la comunidad en general? Al respecto de esta última cuestión, en ocasiones dejo que mi imaginación se adentre en territorios aún más amplios. Pienso sobre cómo sería para la Standford University establecer una cátedra de economía internacional a nombre de Theodore Kreps —¡y estipular que la cátedra debe ser ocupada por un infralapsariano!

5

Buscando el Bien Común

En 1992 publiqué un libro sobre el tema de la civilidad cristiana.[110] Lo escribí porque estaba preocupado sobre el hecho de que, en un mundo donde la descortesía gobierna el día, las palabras, acciones y actitudes de los cristianos a menudo empeoran el problema. Como una modesta contribución para remediar este lamentable estado de cosas, ofrecí un ejemplo bíblicamente fundamentado para la civilidad cristiana, si bien, un ejemplo cristiano más bien "genérico". Basándome en algunos temas bíblicos claves, quería proporcionar a los cristianos, especialmente los cristianos evangélicos, razones para exhibir y promover la civilidad. No repetiré los detalles de esa discusión aquí, pero quiero describir brevemente el modelo básico de mi ejemplo en general, con la finalidad de sentar las bases para explorar las relaciones entre aquellas consideraciones más "genéricas" y los temas más confesionalmente específicos del pensamiento calvinista.

---

[110] Richard J. Mouw, Uncommon Decency: Christian Civility in an Uncivil World (Downers Grove, Ill.: Intervarsity Press, 1992).

Dos Principios

El ejemplo de la civilidad cristiana, como lo veo, requiere que establezcamos dos principios importantes. El primero es que los cristianos debemos trabajar activamente por el bien común de las grandes sociedades en que hemos sido colocados providencialmente. Y el segundo es que la vida santificada debe manifestar las actitudes y disposiciones subjetivas —aquellas virtudes, si ustedes quieren— que nos motivarán en nuestros esfuerzos para promover la salud social.

La Biblia, como la veo, nos proporciona con bases sólidas para cada uno de estos principios. Encuentro que 1 Pedro 2:11-17 es uno de esos pasajes ricos en enseñanza con respecto a ambos. El apóstol insta a los creyentes a "mantener buena vuestra manera de vivir entre los gentiles" mientras acepta "Por causa del Señor someterse a toda institución humana" (vv. 12-13). La obligación de manifestar una conducta honorable no significa, sin embargo, que los creyentes deban hacer lo que sea del agrado de todos en la sociedad en general; de hecho, los conciudadanos bien podrían "calumniarlos como malhechores". La cuestión importante es actuar de tal forma que los incrédulos "glorifiquen a Dios en el día de la visitación, al considerar vuestras buenas obras" (v. 12).

Pedro establece el contexto para estas instrucciones al principio de su epístola cuando saluda a este grupo particular de creyentes del Nuevo Testamento como "los expatriados de la dispersión" (1:1), una alusión repetida en la referencia en 2:11 a los cristianos como "peregrinos y extranjeros" —un motivo que se refuerza aún más por el uso en 2:9 de los cuatro títulos aplicados previamente al Israel del Antiguo Testamento ("linaje escogido, real sacerdocio, nación santa, pueblo adquirido por Dios"). Esto nos permite establecer un paralelo muy directo con las instrucciones, registradas en Jeremías 29, que el Señor dio al recién exiliado de Israel. Habiendo sido arrancados de su contexto teocrático en Jerusalén, los exiliados se preguntaban cómo debían conducirse en Babilonia. Así que el profeta les da sus nuevas instrucciones para la vida en el exilio: deben construir casas para sí mismos y plantar cultivos para su sustento (v.5), también deben casarse y alentar a sus hijos e hijas para hacer lo mismo, para que todos puedan tener hijos y aumentar su número en la tierra (v.6). Y luego este importante mandato: "Y procurad la paz (*shalom*) de la ciudad a la cual os hice transportar, y rogad por ella a Jehová; porque en su paz (*shalom*) tendréis vosotros paz (*shalom*)" (v.7).

En todo esto, por supuesto, los hijos de Israel deben mantener un fuerte sentido de su propia identidad como el pueblo elegido de Dios. Y lo mismo se aplica a los ciudadanos del nuevo Israel. El apóstol Pedro insiste que la comunidad cristiana exiliada debe "[abstenerse] de los deseos carnales que batallan contra el alma" (2:11). Y al explicar, en 2:17, las cuatro obligaciones de su vida como el nuevo Israel, elige los verbos que destacan su identidad primaria. Deben de "temer (*phobeo*) a Dios" sobre todo, y "amar (*agapao*) a los hermanos"; luego al describir lo que deben, tanto al emperador como a sus conciudadanos en la sociedad en general, utiliza el mismo verbo dos veces — "honrar" (*timao*)".

Este "honrar" —tener en cuenta el bienestar— a otros seres humanos está en el corazón de la civilidad cristiana. Es la misma disposición subjetiva que Pedro nos insta a cultivar con una expresión distinta más adelante en su primera epístola: "estad siempre preparados para presentar defensa ante todo el que os demande razón de la esperanza que hay en vosotros", nos dice, "pero háganlo", agrega, "con mansedumbre y reverencia" (3:15-16).

En mi libro hice un trabajo muy rápido de conectar este consejo con la imitatio dei, la imitación de Dios. Argumenté que, en nuestros esfuerzos de cultivar la gentileza y reverencia hacia todos los seres humanos para honrarlos, deberíamos vernos como imitando algunos de los rasgos propios de Dios. Al decir esto, estaba consciente del hecho de que como calvinista me estaba moviendo un poco rápido sobre este territorio teológico. Salí de mi camino para reconocer que no era mi intención negar las dimensiones "más duras" de la interpretación bíblica del carácter divino. La "soberanía, santidad, poder, ira y cosas similares" de Dios son muy reales, insistí, y no tenía el deseo de "'domesticar' al Dios de la Biblia".[111] Pero luego pasé rápidamente a enfatizar las dimensiones más suaves de los tratos de Dios con la humanidad.

En este contexto, no obstante, trataré de pagar mis deudas calvinistas sobre el tema, al menos por dos razones. La primera es simplemente una cuestión de integridad confesional —quiero ser capaz de demostrar qué ejemplo cristiano "genérico" de la civilidad puede en efecto fundamentarse en el

---

[111] Mouw, *Uncommon Decency*, p. 35.

pensamiento calvinista. El otro se refiere al ecume-
nismo: los temas teológicos en juego aquí tienen un
nuevo significado ecuménico en años recientes, y los
calvinistas deberían hacer su contribución teológica
a la discusión más amplia. De hecho, estoy convencido que es bueno para los calvinistas "hacer públicos" muchos de los argumentos —tales como los debates de la gracia común— que hemos típicamente
realizado sólo entre nosotros.

¿Un Voto de Abstinencia?

¿Cómo debemos entender en términos específicamente calvinistas el mandato de buscar el shalom, el
bien común, de las sociedades más amplias en que
el Señor nos ha colocado en el tiempo de nuestro exilio? Algunos calvinistas han defendido el abstenerse
de la promoción activa del bien común, no debido a
que piensen que el retiro piadoso de la cultura general es la norma para la comunidad cristiana, sino
porque creen que las condiciones pecaminosas son
tales que la abstinencia voluntaria de dichas actividades es la única estrategia comunal plausible. Esta
es la posición defendida por Klaas Schilder, quién
ciertamente está consciente del énfasis de la tradición calvinista sobre el mandato cultural. Schilder
tiene palabras duras para ese tipo de "abstinencia
[cultural] cristiana" que se "origina en el resenti-
miento, pereza, la timidez, la negligencia, o la estre-
chez de miras"; tal cosa dice, "es pecado delante de
Dios".

Pero también existe una abstinencia "heroica",
y esta es la que él defiende. Este tipo de abstinencia
cultural está en funcionamiento cuando "la gente
cristiana [está] manteniendo sus universidades,

apoyando a sus misioneros, y cuidando a los necesitados que les dejó Cristo… [y] están haciendo mil otras obras de obligación divina" que les dificultan realizar esas obras altamente visibles de "transformación cultural" que Kuyper y otros instan a la comunidad cristiana. Esta abstinencia no niega la legitimidad de un llamado cultural más amplio, pero "debido a la situación de emergencia", "encuentra sus límites y legitimación en, por ejemplo, Mateo 19:12, donde Cristo habla a aquellos "que se hacen eunucos para el reino de Dios y no para evitar este reino".[112] Este patrón autolimitante no es simplemente anticultural, sino que restringe el territorio en el que desarrollamos nuestra actividad cultural.

Hay algo que se debe decir de este enfoque de voto de abstinencia para la participación cultural. Schilder tiene razón al insistir en que los actos de modestia aparentemente modestos que están dirigidos al fortalecimiento "interno" de la vida de la Iglesia pueden ser actos importantes de fidelidad cultural. Una de las tareas culturales importantes que la comunidad debe realizar en el mundo es simplemente ser una comunidad — una hermandad de personas que, en los patrones de su vida, juntos sirven como un signo de fidelidad en el mundo en general. Schilder señala un punto importante cuando observa que el anciano sabio de la iglesia que visita fielmente a sus miembros de su congregación asignados "es una fuerza cultural, aunque no sea consciente de ello".[113] Y puede que incluso sea bastante legítimo para una comunidad específica calvinista —

---

[112] Klaas Schilder, Christ and Culture, traducción G. van Rongen y W. Helder (Winnipeg: Premier Printing Ltd., 177), pp. 69-70.
[113] Schilder, *Christ and Culture*, p. 86.

o una anabaptista, para el caso (ya que sospecho que muchos anabaptistas hacen precisamente el tipo de cosas que Schilder recomienda) —limitar sus tareas culturales a estos patrones aparentemente modestos. Tal como las personas tienen llamados específicos, así también las comunidades cristianas particulares. Por ejemplo, una manera legítima de pensar positivamente sobre el hecho de que existen múltiples denominaciones cristianas puede ser ver diferentes grupos denominacionales con diferentes vocaciones —diferentes asignaciones del Señor para realizar distintas virtudes y cultivar distintas sensibilidades espirituales. El uso de Schilder de la imagen de los "eunucos por causa del reino" sería muy apropiado para este enfoque. Una comunidad cristiana podría hacer un voto de abstinencia de lo que otro grupo cristiano podría buscar activamente.

Esto no satisfaría a Schilder, por supuesto; él exigiría de todas las iglesias cristianas un voto de abstinencia cultural. Tal afirmación de largo alcanza exige un escrutinio crítico. ¿Qué hay en nuestro mundo actual que exige este patrón de abstinencia? Es claro, por ejemplo, que el Señor llamó a su pueblo en los tiempos del Antiguo Testamento para trabajar por el bien de la sociedad babilónica en general en que los había puesto durante su tiempo en el exilio. ¿Era la "emergencia" cultural menos seria en aquellos tiempos? ¿Existe algo único en nuestra situación contemporánea que exige de todos nosotros ser eunucos culturales? Las experiencias de guerra que tuvo Schilder de esconderse por meses de los nazis, por ejemplo, podrían llevarlo a pensar en medidas de "emergencia". Pero ¿por qué deberían aplicar sus recomendaciones específicas bajo las condiciones culturales actuales a toda la comunidad cristiana, o incluso a toda la comunidad calvinista?

Agentes de la Gracia Común

Para aquellos que no sienten el llamado a la abstinencia cultural, es importante considerar la noción, que introduje en el capítulo anterior, de los ministerios de gracia común. Las formulaciones estándar de la enseñanza de la gracia común a menudo han tenido una desafortunada sensación de pasividad para los cristianos. Han representado una transacción entre Dios y los incrédulos con virtualmente ninguna atención al papel activo de la comunidad cristiana en "entregar los bienes", por así decirlo, de la gracia común.

Los tres puntos de la Iglesia Cristiana Reformada de 1924 ciertamente parecen destinados para alentar la pasividad cultural. Se presentan como instrucciones para los cristianos que son meros observadores del amplio mundo. Por supuesto, no podemos evitar ser en gran medida pasivos cuando se trata de las "bendiciones naturales" —tales como el sol y la lluvia— que se otorgan a los elegidos y no-elegidos de forma similar. Pero la segunda y la tercera área son distintas. No deberíamos sólo retroceder y mirar las señales de que Dios está refrenando el pecado en el mundo, o esperar que podamos ser testigos de actos de justicia cívica que surgen aquí y allá en las vidas de los no redimidos. Debemos buscar formas en que Dios pueda usarnos para restringir el poder del pecado en la amplia comunidad humana, y realizar nuestras propias obras de bien cívico. El punto de vista de Calvino sobre la magistratura refleja este necesario sentido de actividad. "No se debe poner en duda", escribe, "que el poder civil es una vocación, no solamente santa y legítima delante de Dios, sino también muy sacrosanta y honrosa entre todas las vocaciones".[114] Y a diferencia de los anabaptistas, estaba convencido de que los mismos cristianos pueden realizar este noble llamado.

Pero los ministerios de la gracia común no están restringidos al reino de lo político. Abraham Kuyper señaló áreas más amplias de servicio cuando se refirió a la obligación cristiana de "expandir continuamente el dominio de los ideales nobles y puros en la sociedad civil mediante la acción valiente de sus miembros en cada área de la vida".[115] La psicóloga cristiana que alienta a sus clientes no cristianos a honrar sus compromisos, el profesor de literatura cristiana en una universidad secular que destaca temas en una novela que celebran la fidelidad y el decir la verdad, el gerente corporativo cristiano que inculca la voluntad de servir en los empleados, el campesino cristiano que emplea métodos agrícolas específicos que demuestran el respecto por la integridad de la creación —todo esto promueve la bondad asociada con la gracia común. No debemos limitar nuestra atención, entonces, a cómo los incrédulos en ocasiones realizan esas obras que mejoran la suerte de otros seres humanos. También debemos pensar sobre las formas en que nosotros, al realizar actos de justicia que afectan las vidas de los incrédulos, pueden promover los dones de la gracia común.

---

[114] John Calvin, Institutes of the Christian Religion, traducción Ford Lewis Battles, ed. John T. McNeill (Philadelphia: Westminster Press, 1960), IV.20.4, p. 1490.
[115] Abraham Kuyper, "Common Grace", en James D. Bratt, ed., *Abraham Kuyper: A Centennial Reader* (Grand Rapids: Eerdmans, 1998), p. 197, énfasis mío.

Por supuesto, podría concebirse una justificación para algunas de estas actividades que no tenga
nada que ver con la gracia común. Supongamos, por
ejemplo, que insistimos en que los cristianos tienen
una obligación de defender la causa de los pobres —
no sólo de aquellos cristianos pobres cuya difícil situación mencionó Schilder en su defensa de la abstinencia cultural, sino de los pobres en general. Uno
podría sostener que debemos hacer esto simplemente porque Dios nos manda hacerlo. Y uno podría sostener, además, que estos mandamientos son
puramente salvíficos en lo que apuntan —que Dios
quiere que promovamos la causa de los pobres porque entre ellos se mezclan algunos elegidos, y debido a que no podemos discernir la diferencia entre
los pobres elegidos y réprobos, podemos estar seguros de que al promover la causa de los pobres en general también estamos mejorando la suerte de los
pobres elegidos, aquellos de quienes Dios realmente
se preocupa. Tal justificación puede constituir una
base legítima para un activismo político supralapsariano. No es un punto de vista que respaldaría, pero
cuando se trata de la defensa calvinista por los pobres, ¡deberíamos tomar lo que podamos!

Sin embargo, no pienso que tal punto de vista
es teológicamente adecuado, debido a que no exige
preocuparnos por los pobres no-cristianos. Y yo creo
que se nos ordena cuidar a todos aquellos en la pobreza. Además, estoy convencido de que al cultivar
ese tipo de disposición afectiva estamos imitando la
preocupación de Dios por toda la gente empobre-
cida. Lo que equivale a decir que una teología adecuada de la pobreza, y más ampliamente, de la justicia, está inextricablemente vinculada a la gracia

común —la enseñanza de que Dios tiene una consideración positiva, aunque no salvífica, por aquellos que no son elegidos, una consideración que nos pide cultivar en nuestras propias almas.

Empatía Calvinista

El oponente de la gracia común, por supuesto, insistirá en que hemos malinterpretado seriamente las intenciones de Dios en todo esto. Todos los no-elegidos, dice Herman Hoeksema, son enemigos de Dios, y Dios "odia a sus enemigos y se propone destruirlos, excepto a los que eligió en Cristo Jesús".[116] Sin embargo, esto no parece concordar bien con el mandamiento de Cristo de "Amad, pues, a vuestros enemigos, y haced bien, y prestad, no esperando de ello nada" así como el Padre "benigno para con los ingratos y malos" (Lucas 6:35). Cuando el Salvador se refiere aquí a la gente que nos maldicen y abusan de nosotros, ¿está pensando exclusivamente en nuestros enemigos cristianos? Parece improbable. En cualquier caso, Juan Calvino aparentemente no tenía una comprensión tan restringida de la preocupación que merecen los enemigos. Cuando los magistrados piensan sobre ir a la guerra, escribe, no sólo deben tener mucho cuidado de que "han de abstenerse de la ira, del odio, o de la excesiva severidad", sino que también deben "tener compasión de aquel a quién castigan".[117]

Si esta "compasión de la naturaleza común" es una actitud apropiada de cultivar con relación a un

---

[116] Herman Hoeksema, *The Protestant Reformed Churches in America: Their Origin, Early History and Doctrine* (Grand Rapids: First Protestant Reformed Church, 1936), p. 317.

[117] Calvin, *Institutes*, IV.20.12, p. 1500.

"ladrón armado", como dice Calvino aquí, ¿no debemos ser incluso más diligentes en cultivar la bondad hacia aquellos que son víctimas de varios tipos de opresión? Los obispos en el Vaticano II lo expresaron bien, sugiero, cuando comenzaron su "Constitución pastoral sobre la Iglesia en el mundo moderno" (Gaudium et Spes) con estas palabras: "La alegría y la esperanza, el dolor y la angustia de los hombres de nuestro tiempo, especialmente de aquellos que son pobres o afligidos de alguna manera, son la alegría y la esperanza, el dolor y la angustia también de los seguidores de Cristo. Nada que sea genuinamente humano deja de encontrar eco en sus corazones".[118]

Los calvinistas también deberíamos considerar que estamos operando bajo este tipo de mandato de empatía. El terapista cristiano tenía razón de llorar con la pareja no-cristiana acercándose el uno al otro con una ternura recién descubierta. Tenemos razón en reaccionar con horror ante lo que le sucedió a la madre musulmana, cuya experiencia indescriptiblemente cruel describí en el capítulo anterior. Pero no debemos simplemente permitir que estas respuestas afectivas "nos sucedan" pasivamente. Debemos buscar activamente promover "la alegría y la esperanza", y administrar "el dolor y la angustia" de nuestros semejantes, independientemente de su elección o reprobación.

---

[118] Gaudium Spes ("Pastoral Constitution on the Church in the Modern World"), en Austin P. Flannery, Ed., *Documents of Vatican II* (Grand Rapids: Eerdmans, 1975), p. 903.

Discurso "Denso" y "Ligero"

Promover activamente el bienestar, el shalom, de la amplia comunidad humana nos exige también hablar en la arena pública sobre las políticas y prácticas que pueden contener el pecado, e incluso contribuir a los modelos positivos de justicia cívica. Aquí también —quizá especialmente aquí— las preguntas sobre los puntos en común son importantes. ¿Qué lenguaje debemos emplear cuando hablamos con nuestros conciudadanos sobre los temas de la vida pública? ¿Hablamos el discurso "denso" de nuestra propia particularidad confesional, y corremos riesgo de ser malinterpretados o ignorados? ¿O es legítimo traducir los términos que usamos entre nosotros a un discurso público "ligero" que se base menos en un lenguaje cristiano o específicamente calvinista, para defender nuestras propuestas políticas de forma que pueda convencer a alguien que no comparta nuestras convicciones teológicas?

Algunos de los principales pensadores protestantes "post-liberales" antes mencionados, han sido muy críticos del uso cristiano de un discurso público "ligero". Stanley Hauerwas, por ejemplo, ha insistido en que la ética cristiana debe fundamentarse en las prácticas de una comunidad cristiana altamente particularizada, cuyo discurso moral es radicalmente discontinuo con respecto al de la cultura general. Dicha visión se refleja en el título de uno de sus libros: *¿Después de la cristiandad? Cómo debe comportarse la Iglesia si la libertad, la justicia y una nación cristiana son malas ideas*. Por supuesto, Hauerwas no rechaza la idea de la justicia como tal, pero le preocupa que las presuposiciones cristianas de un discurso moral común disponible señalen que hemos negociado un compromiso infiel con el orden caído.[119]

El eticista católico romano Bryan Hehir, asesor principal de los obispos estadounidenses en cuestiones de política pública, ha expuesto una perspectiva más matizada. Reconoce que ha estado profundamente influenciado por la tradición de la ley natural, y ha operado durante mucho tiempo bajo la suposición de "que cuando habla con el estado, la Iglesia debe utilizar un lenguaje que el estado pueda comprender". Si bien aún se adhiere básicamente a esta posición, también ha llegado a ver sus límites: "al examinar los debates políticos principalmente sociales de la década de los noventa", escribe: "también me impresionan los límites de lo ético, es decir, el fracaso del argumento puramente moral para abordar las dimensiones subyacentes de nuestras disputas y decisiones en política pública". Cree que es importante para nosotros atender especialmente a "las convicciones premorales que deben ser dirigidas para confrontar las cuestiones sociales que enfrentamos hoy". Y sobre estas cuestiones, dice, "la ventaja comparativa está en las comunidades que están convencidas del tipo de verdades teológicas que la comunidad cristiana da por sentado. Estas son convicciones arraigadas —capaces de ser articuladas, por lo que no son inteligibles para el discurso público". Lo que esto significa en la práctica, sugiere Hehir, es que estamos seriamente limitados en nuestro lenguaje teológico "cuando finalmente nos dirigimos al estado sobre leyes y política... pero antes de

---

[119] Stanley Hauerwas, *After Christendom? How the Church Is to Behave If Freedom, Justice, and a Christian Nation Are Bad Ideas* (Nashville: Abidgdon Press, 1991).

establecer el tema político podemos y debemos in-
volucrar ampliamente a la comunidad civil en general en las cuestiones más profundas que subyacen a
las opciones políticas, y que puede hacer que surja el
argumento teológico, porque se trata sobre nuestras
relaciones básicas como sociedad y comunidad humana".[120]

Desorden Calvinista

A la buena manera católica, Hehir da mucha importancia a la encarnación al proveer el fundamento
teológico para su comprensión del papel público de
la comunidad cristiana. Dios no sólo ha aparecido en
la historia humana en la persona de Jesucristo, sino
que este evento de la encarnación se extiende "en el
tiempo y espacio", para que Dios continúe "tocando
y transformando" la realidad humana — un proceso
del que la iglesia da testimonio al "comunicar la gracia transformadora de Cristo en la historia".[121]

Esta no es la manera en que los calvinistas qui-
siéramos exponer nuestro punto. El pensamiento reformado opera con un entendimiento menos extenso de la encarnación. Como lo señala el catecismo
de Heidelberg, Cristo "en cuanto a la naturaleza humana… ahora… ya no está en la tierra", porque ha
llevado nuestra carne al cielo como el Señor ascen-
dido, y es desde ahí que reina actualmente sobre todas las cosas "de acuerdo con su deidad, majestad,
gracia y espíritu".[122] Por lo tanto, aunque nosotros,

[120] J. Bryan Hehir, "Personal Faith, the Public Church, and the Role of Theology", *Harvard Divinity Bulletin* 26, no. 1 (1996): 5.
[121] Hehir, "Personal Faith", p. 5.
[122] Heildelberg Catechism, Questions and Answers 47, 49, en Philip Schaff, ed., *The Creeds of Christendom, with a History and Critical Notes*, vol. III (Grand Rapids: Baker Books, 1996), pp. 322-323.

como Hehir, queremos hablar con nuestros conciudadanos sobre las cuestiones fundamentales de la condición humana, nuestra motivación no es que pensemos que está ocurriendo una transformación encarnacional de la humanidad más allá de los límites de la iglesia. En vez de eso, nos recordamos a nosotros mismos que el mundo en general todavía está afligido por la maldición de la caída. Reiterando: no damos nuestro testimonio en el mundo en general sobre la suposición de que la humanidad ha sido más receptiva a la verdad del evangelio por algún tipo de actualización generalizada. Procedemos con precaución, sabiendo que el manifiesto de rebelión de nuestros primeros padres —"¡Seremos como dioses!"— todavía resuena a nuestro alrededor. Pero también sabemos —y este es un mensaje importante para la teología de la gracia común— que el Espíritu del Cordero reinante está de hecho activo en nuestro mundo, no sólo para reunir a la compañía de los redimidos de todas las tribus y naciones de la tierra, sino también obrando misteriosamente para contener el pecado en las vidas de aquellos que continúan en su rebelión, e incluso estimulando obras de justicia en los lugares más sorprendentes. Y así, mientras procedemos con precaución, también nos ocupamos de nuestros negocios con esperanza.

Es cierto, existe una gran cantidad de desorden en la imagen que acabo de dibujar. Como calvinistas, debemos buscar el bien común con la clara conciencia de que en la plaza pública estamos rodeados de gente "que a lo malo dicen bueno, y a lo bueno malo; que hacen de la luz tinieblas, y de las tinieblas luz; que ponen lo amargo por dulce, y lo dulce por amargo" (Isaías 5:20). Y sin embargo es en estas circunstancias que escuchamos de nuevo el antiguo llamado del Señor a su pueblo redimido para buscar el bienestar de la ciudad de nuestro exilio. Este desorden, entonces, no es algo que podamos esperar eliminar, ni que podamos minimizar mientras desarrollamos nuestras estrategias para el testimonio público. Respaldar una teología de la gracia común es aprender a vivir con algún desorden teológico. Esto no debería preocupar a los calvinistas, para quienes la experiencia del desorden teológico debería ser un recordatorio saludable de las formas en que todas nuestras pruebas teológicas nos llevarán finalmente a un humilde reconocimiento de los misterios divinos.

El desorden también acompañará nuestros esfuerzos de clasificar los méritos de nuestro lenguaje "denso" y "ligero" en la medida que participamos en nuestro discurso público. Lo que decimos cuando abordamos los problemas de la vida pública, y cómo y cuándo lo decimos, son preguntas que sólo pueden ser respondidas por una confianza continua en el discernimiento. Eso a su vez significa que debemos estar enraizados profundamente en la comunidad del pueblo redimido de Dios, donde el Señor ha prometido distribuir los dones de su Espíritu mientras luchamos juntos con los retos del discipulado público. Y es ahí donde se nos recuerda constantemente nuestra promesa de un patrón de comunidad mucho mejor que en la arena pública como la conocemos ahora. Aun cuando aprovechamos las oportunidades públicas disponibles para nosotros durante este tiempo de la paciencia del Señor con un mundo rebelde, anhelamos "la ciudad que tiene fundamentos, cuyo arquitecto y constructor es Dios" (Hebreos 11:10).

En su maravilloso ensayo "Sobre la Autoridad Secular", Martín Lutero advierte que el príncipe cristiano debe estar vigilante espiritualmente si quiere garantizar que "su condición será externa e internamente correcta, agradable a Dios y a los hombres". Y al hacerlo así, Lutero rápidamente agrega, el príncipe "debe anticipar una gran cantidad de envidia y sufrimiento", porque es inevitable que "sienta pronto la cruz sobre su cuello".[123] Las palabras de Lutero no sólo son verdad para los príncipes, sino para todos nosotros que escuchamos el llamado para trabajar como cristianos para el bien común de la comunidad humana en general. Cuando nuestros ancestros calvinistas vivieron bajo condiciones de severa persecución, sabían que su único recurso era sumergirse en una comunidad moldeada por la predicación de la Palabra de Dios, la administración de los sacramentos y el ejercicio de la disciplina, incluso cuando el hacerlo fuera un riesgo para sus propias vidas. En tales circunstancias, eligieron describirse a sí mismos como "las iglesias bajo la cruz". La verdad del asunto es que no hay otro lugar para que los calvinistas de cualquier era hagan su morada principal. Y cuando nos aventuramos a servir al Señor en los ámbitos más amplios de la cultura humana —como estoy convencido de que debemos— es bueno anticipar que también sentiremos inevitablemente el peso de la cruz sobre nuestros cuellos.

---

[123] Martin Luther, "On Secular Authority", en Harro Hopfl, ed., *Luther and Calvin on Secular Authority*, Cambridge Texts in the History of Political Thought (Cambridge: Cambridge University Press, 1991), p. 41.

6

Actualización de la Teología de la Gracia Común

Al principio de esta discusión, apoyé el veredicto del teólogo Foppe Ten Hoor, que confesó en la década de 1920 que después de cuarenta años de pensar sobre la gracia común estaba muy seguro de que existe tal cosa, pero que en realidad no tenía una buena idea de lo que es. Ten Hoor tenía buen juicio. De hecho, el espíritu de su comentario sobre la gracia común debería desempeñarse con más libertad en otras áreas del debate teológico. Como ha observado recientemente Thomas Weinandy, la teología se entiende mejor como "una iniciativa de discernimiento de misterios" más que una "solución de problemas". Resolver un problema es hacer que todos nuestros misterios desaparezcan, que no es el tipo de resolución que deberíamos esperar como algo natural en la exploración teológica. Pero podemos esperar tener éxito en conocer "más precisa y claramente lo que es el misterio" —y esto puede ser una ganancia importante.[124]

He tratado de discernir aquí algunos de los contornos del misterio de la gracia común. Estoy muy

---

[124] Thomas G. Weinandy, O.F.M., Cap., *Does God Suffer?* (Notre Dame: University of Notre Dame Press, 2000), pp. 32-34.

consciente del hecho de que tocado sólo brevemente los temas sobre los cuales se necesita decir mucho más. Quizá lo que he dicho aquí revivirá la discusión del tema que ha recibido poca atención en años recientes de parte de los principales teólogos reformados. Sin embargo, debería ser obvio de lo que he dicho hasta aquí, que no pienso que sea suficiente para nosotros simplemente recordar algunas lecciones importantes del pasado cuando reflexionamos sobre la gracia común, también debemos actualizar nuestra comprensión de ella. Y al concluir esta discusión, quiero resaltar algunos aspectos importantes de esta actualización, así como algunas preocupaciones de advertencias clave que deberían guiarla.

Evaluación de Alternativas

Propiamente entendida, la teología de la gracia común es un intento de preservar un área de misterio respecto de las relaciones de Dios con la humanidad. En un sentido importante, se llega a un reconocimiento de la gracia común por una "vía negativa"; es algo que nos queda después de haber pasado por un proceso de eliminación. Los calvinistas típicamente han sido incapaces de apoyar con mucho entusiasmo cualquier otro tipo de esfuerzos importantes en la tradición cristiana para formular una comprensión de qué es lo que los cristianos y los no-cristianos tienen en común. Fuera de la tradición calvinista, los principales puntos de vista alternativos — revelación general, ley natural y teología natural, por ejemplo— han merecido un considerable respeto y se han utilizado ampliamente al establecer patrones de comunalidad. Pero los calvinistas nos hemos acercado generalmente a estos esquemas explicativos con mucho recelo.

No que nos hayamos inclinado simplemente a rechazar las ideas centrales asociadas con cada uno de ellos. Eso sería un error —especialmente, sugiero, en nuestro contexto cultural contemporáneo. Dios ha, en efecto, ordenado legalmente su creación, y existen pasajes bíblicos como Romanos 2:15 que es un ejemplo obvio —que dejan claro que todos los seres humanos tienen algún tipo de acceso cognitivo a esa legalidad. El mismo tipo de cosas puede decirse sobre la revelación general. ¿Revela Dios algo de su persona y atributos a través de otros medios aparte de la revelación bíblica? Por supuesto. La Confesión Belga establece claramente que además de la revelación de Dios en la Escritura, "A Él lo conocemos… por la creación, conservación y gobierno del universo: porque éste es para nuestros ojos como un hermoso libro en el que todas las criaturas, grandes y pequeñas, son cual caracteres que nos dan a contemplar *las cosas invisibles de Dios*, a saber, *su eterno poder y deidad*" —todas las cuales son "suficientes para convencer a los hombres, y privarles de toda excusa".[125]

Pero los calvinistas típicamente se niegan simplemente a dar por sentado tales cosas, en el sentido de que podemos asumir de que todos los seres humanos tienen acceso "automático" a los recursos cognitivos y motivacionales necesarios para hacer cosas buenas por las razones correctas. Incluso al interpretar la declaración que he citado del artículo II de la Confesión Belga, muchos calvinistas han

---

[125] Belgic Confession, Artículo II, en Philip Schaff, ed., *The Creeds of Christendom, with a History and Critical Notes*, vol. III (Grand Rapids: Baker Books, 1996), p. 384.

insistido en que no podemos tomar al pie de la letra lo que a primera vista parece ser afirmaciones claras sobre el acceso común a las verdades sobre Dios. Por ejemplo, han preguntado, ¿Quiénes son el "nosotros" de quien se dice que obtienen conocimiento de Dios del libro de la creación? ¿No se limita aquí la referencia a "conocer" a aquellos en quienes la gracia soberana ha realizado el abrir los ojos de la fe? ¿Y no son esos otros referidos en este artículo, aquellos incrédulos que son "sin excusa" debido a lo que se revela manifiestamente en la creación, no están en realidad condenados por no ver lo que les habría sido muy claro si no se hubieran rebelado contra Dios?[126]

En un pasaje que señalé al principio, los Cánones de Dort captan esta ambivalencia calvinista sucintamente al describir los efectos de la caída en la consciencia humana. Mientras que los no-regenerados retienen "la luz de la naturaleza" que les provee con "algún conocimiento de Dios, de las cosas naturales, de la distinción entre lo que es lícito e ilícito", dicen los Cánones, esta conciencia no sólo es totalmente inadecuada para llevar a la gente a la salvación, sino que la persona caída en realidad "ni aún en asuntos naturales y cívicos, tampoco usa rectamente esta luz; antes bien, sea como fuere, la empaña totalmente de diversas maneras, y la subyuga en injusticia; y puesto que él hace esto, por tanto se

---

[126] Para una discusión más amplia de estas cuestiones, ver G.C. Berkouwer, *General Revelation*, Studies in Dogmatics (Grand Rapids: Eerdmans, 1955), especialmente el capítulo 10, "The Controversy Regarding Article II of teh Belgic Confession". Para un relato breve de la comprensión reformada protestante del artículo II, ver Herman Hanko, *For Thy Truth's Sake: A Doctrinal History of the Protestant Reformed Churches* (Grandville, Mich.: Reformed Free Publishing Association, 2000), pp. 141-157.

priva de toda excusa ante Dios.[127]

Una Precaución Continua

No hace falta decir, que los cristianos de otras tradiciones encontrarán extraño que los calvinistas estén
tan nerviosos sobre tales asuntos. Y con razón, porque hay importantes diferencias en juego aquí.
Pienso que la principal preocupación para los calvinistas sobre la revelación general, la ley natural, la
teología natural y nociones similares es que pueden
llevar a una aprobación categórica de las capacidades morales y racionales de los seres humanos en general. O se niegan rotundamente los efectos radicales de la caída o son reconocidos y luego se modifi-
can rápidamente por la idea de una gracia preven-
tiva, una mejora generalizada de nuestro estado
caído original; así que algún importante segmento
de nuestra consciencia humana compartida ha sido
reparado y nuestra depravación ya no está en vigor.
Henry Van Til describe la perspectiva teológica re-
sultante con una alusión a las historias de la segunda
guerra mundial sobre soldados estadounidenses
compartiendo cigarros con sus enemigos alemanes
en nochebuena: "Existe entre la iglesia y el mundo
un área gris, sin color, una especie de tierra de nadie,
donde se obtiene un armisticio y uno puede co-
dearse con el enemigo con impunidad en un espíritu
relajado de navidad, fumando cigarrillos".[128]

Si bien los calvinistas a menudo dicen cosas positivas sobre los logros morales e intelectuales de los

---

[127] Canons of Dort, Capítulos III y IV, artículo IV, en Schaff, *Creeds*, Vol. III,
p. 588.
[128] Henry R. Van Til, *The Calvinistic Concept of Culture* (Grand Rapids: Baker
Book House, 1959), p.240.

no-regenerados, nos pone nerviosos dar la impresión de que hay algo de carta blanca en estas evaluaciones, o algo "automático" sobre la habilidad de las personas no-regeneradas para tener buenos pensamientos o realizar obras loables. Como resultado, la enseñanza de la gracia común fomenta un enfoque más apropiado para evaluar las capacidades morales e intelectuales de los no-regenerados. Emplear la idea adecuada al evaluar los pensamientos y obras de los inconversos es operar con lo que podríamos considerar una hermenéutica de la precaución, aunque no una hermenéutica de la sospecha absoluta. Porque no queremos perder esos esplendidos encuentros que Juan Calvino nos asegura que vendrán en nuestro camino —y que nos advierten que no malinterpretemos, no sea que "deshonremos al Espíritu de Dios" — esas ocasiones donde "la mente del hombre, aunque caído y pervertido en su totalidad, es, sin embargo, vestido y adornado con los dones excelentes de Dios".[129] Tampoco es, en la otra dirección, una hermenéutica de la solidaridad, en que suponemos verdad y bondad. Debemos proceder con precaución, no queriendo perder lo verdadero y lo bueno, pero dándonos cuenta de que no todo lo que brilla es el tipo de adorno que Juan Calvino quería que viéramos.

Aun así, este es un tiempo importante para que los calvinistas miren honestamente a nuestro espíritu tradicional de precaución con respecto a la gracia común. Por lo menos, necesitamos ser claros sobre cuánto de nuestra discusión con otras

---

[129] John Calvin, *Institutes of the Christian Religion*, ed. John T. McNeill, traducción Ford Lewis Battles (Philadelphia: Westminster Press, 1960), II.2.15, pp. 273-275.

tradiciones cristianas sobre las habilidades morales y cognitivas de los no-redimidos ha sido motivado por un espíritu polémico. Los teólogos calvinistas han sido bastante malhumorados. Hemos querido mantener los límites claros entre nuestras propias perspectivas y la de aquellos anabautistas, católicos, luteranos y otros. Mucho de este mantener los límites tiene sentido a la luz de una variedad de factores históricos. Pero ahora vivimos en una época diferente, una frecuentemente enamorada del nihilismo y del relativismo, así que debe ser muy claro para nosotros en la comunidad cristiana que necesitamos explorar juntos las ricas dimensiones del evangelio. En este contexto, necesitamos examinar colectivamente a través de una variedad de recursos teológicos tradicionales para abordar los males contemporáneos. La enseñanza de la gracia común es uno de esos recursos, pero la teoría de la ley natural y de la teología de la revelación general también tienen una gran relevancia para nuestra situación actual. Los desafíos contemporáneos nos presentan una buena oportunidad para una discusión amistosa amplia de estos diversos recursos teológicos.

Psique Fragmentada

También estoy convencido de que la forma en que abordamos estos problemas debe estar más conscientemente vinculada con las preocupaciones prácticas sobre promover —tanto como sea posible en nuestro mundo caído— condiciones para la prosperidad humana. Mis propias preocupaciones en esta área son muy profundas en estos días. Sin duda, esta preocupación sobre cómo promover la prosperidad humana en nuestro contexto contemporáneo tiene

que ver con problemas que van más allá del territorio cubierto por la teología de la gracia común como
tal. Pero la noción de lo "común" está en el centro de
lo que me preocupa.

El tema de lo común surgió para mí de una manera conmovedora hace unos años por un breve comentario de una persona que llamó a un programa
de radio. Fui invitado a este programa en particular,
y fui colocado con otro teólogo en una discusión sobre la continua fascinación de nuestra cultura con la
persona de Jesús de Nazareth, como se evidencia en
frecuentes historias de portada en las revistas sema-
nales, especiales de televisión y similares. Mi compañero invitado, un protestante muy liberal, expresó
un fuerte escepticismo sobre la confiabilidad de los
relatos del Nuevo Testamento de la resurrección de
Jesús —una evaluación con la que estuve fuertemente en desacuerdo. Cuando abrimos la discusión
a preguntas de la audiencia, una de las personas que
llamaron era una adolescente se identificó como
Heather de Glendale. Heather se expresó en tonos
típicos de una "chica del valle": "No soy lo que tu
llamarías, como, una cristiana" comenzó. "De hecho, ahora mismo me gusta —ya sabes —la brujería
y esas cosas. Pero quiero decir que estoy de acuerdo
con el chico del Fuller Seminary. ¡Me sorprende que
alguien diga que Jesús no fue realmente resucitado
de entre los muertos!"

Me sorprendió la forma en que Heather me
ofreció apoyo para mi posición. Su comentario aun
me parece bastante extraño —combinando una fascinación con "brujería y esas cosas" con la creencia
en una resurrección literal de Jesús. Y cuanto más
pienso sobre lo que dijo Heather, más me preocupo

por ella y lo que representa en nuestra cultura contemporánea.

Sin duda, puedo imaginarme teniendo una conversación agradable con Heather. En el relato de Hechos 17, el apóstol Pablo estaba involucrado en lo
que parecía un diálogo productivo y amistoso con
algunos filósofos atenienses, hasta que les habló sobre la resurrección de Jesús; entonces muchos de
ellos comenzaron a ridiculizarlo. Pero el narrador
agrega: "otros dijeron, 'Ya te oiremos acerca de esto
otra vez'" (Hechos 17:32). Se nos dice que algunas de
estas personas eventualmente se convirtieron en creyentes. Me he preguntado a menudo cómo fue la
conversación cuando Pablo habló más con estos in-
vestigadores paganos que estaban intrigados con la
idea de la resurrección de Jesús. Tal vez una conversación con Heather de Glendale podría darme una
idea del tono de ese diálogo.

Sin embargo, me preocupa Heather. Estoy preocupado por la forma en que parece estar reuniendo
un conjunto de convicciones para guiar su vida. Si
bien no tuve la oportunidad de interrogarla sobre la
forma en que ella hace espacio en su psique para un
respaldo tanto de la brujería como de las narraciones
de la resurrección de los evangelios, dudo que Heather subscriba ambos puntos de vista de la realidad,
Wicca y cristianismo, en sus versiones completas.
Está colocando fragmentos de cosmovisiones una al
lado de la otra sin pensar sobre sus relaciones. Y es
precisamente el hecho de que estos bits cognitivos
coexistan en su consciencia que causa mi preocupación.

Lo que incrementa mi preocupación es que hay
líderes intelectuales que, de hecho, celebran este tipo

de individualidad desconectada. Tomemos el caso de Kenneth Gergen, un psicólogo que ha escrito un estudio muy discutido de la individualidad contemporánea titulado: "The Satured Self: Dilemmas of Identity in Contemporrary Life" (El Yo Saturado: Dilemas de Identidad en la Vida Contemporánea". Ahí Gergen argumenta que las concepciones tradicionales de cómo entender la personalidad —ya sea que la personas tengan o no alma o mentes conscientes, su "valor intrínseco" o "racionalidad inherente"— han sido expuestas por "el giro postmoderno" como inapropiadas:

> Después de todo, estas son formas de hablar; no reflexiones de la naturaleza real de las personas. En contraste con el estrecho rango de opciones y de las restricciones opresivas favorecidas por los sistemas totalizantes de entendimiento, el postmodernismo abre el camino a la completa expresión de todos los discursos, a un juego libre de discursos.[130]

En esta forma de ver las cosas ayudamos mejor a la gente, dice Gergen, al invitarlas a un "recorrido sin fin en el laberinto de significado", en el que experimentan regularmente "la ruptura de oposiciones".[131] Sin duda, Gergen quiere que las personas encuentren alguna forma de mezclar varios "discursos ricamente elaborados en nuevas formas de juegos serios que puedan llevarnos más allá del texto y a la vida".[132] Pero no está claro qué estándares exactamente deben guiar este proceso en un mundo en que todos los juicios comparativos son arbitrarios, de hecho "imperialistas". ¿Por qué debería mi yo, fan de los Dodgers, tener menos estatus en mi vida

---

[130] Kenneth J. Gergen, *The Saturated Self: Dilemmas of Identity in Contemporary Life* (New York: Basic Books, 1991), p. 247.
[131] Gergen, *Saturated Self*, p. 256.
[132] Gergen, *Saturated Self*, p. 259.

que el yo que siente necesidad de servir a los pobres? ¿Por qué debería preferir cualquier instinto o preferencia a cualquier otro? ¿Qué impediría que cada uno de nosotros proclamara, como el joven endemoniado que Jesús encontró: "Mi nombre es legión, porque somos muchos" (Marcos 5:9)?

Mayor Fragmentación

Mis preocupaciones sobre el panorama de la vida interior de Heather se extienden también a la escena más amplia, el contexto general moral y espiritual que ha contribuido a su confusión psíquica. En cierto sentido, Heather es un microcosmos —o un micro caos— de la cultura general.

En 1990, la Harper´s Magazine invitó a cinco especialistas de la vida urbana para discutir qué está y no está sucediendo en los espacios públicos estadounidenses hoy. Los editores preguntaron a los expertos abordar particularmente la decadencia de la vida pública que está resultando en el "discurso público pervertido" de los programas de radio y shows de televisión tipo Jerry Springer (de hecho, en aquellos días el principal ejemplo era "Geraldo"). Los expertos reunidos incluían dos arquitectos, un planeador urbano, un sociólogo y un escultor, así que, naturalmente, prestaron especial atención a las dimensiones físicas de la vida urbana. Y aunque los expertos no se pusieron de acuerdo entre ellos sobre la mejor forma de construir un espacio público saludable, fueron unánimes al pensar en que las cosas no estaban yendo bien en nuestras comunidades urbanas. Tampoco confiaban en que sólo una mejor planeación urbana resolvería los problemas. Como lo expresó uno de los arquitectos: "lo que anhelamos en el diseño de nuestro espacio público y en el carácter de nuestra vida pública no es la fragmentación y la diferencia sino un sentido de lo que tenemos en común al mismo tiempo que conocemos nuestra diferencia— un sentido de integridad".[133]

Mis convicciones calvinistas no permiten mucho optimismo sobre encontrar una "integridad" significativa en nuestras vidas privadas o públicas sin el poder transformador de la gracia redentora. Pero tampoco me puedo rendir completamente sobre la posibilidad de que todavía podamos presenciar en nuestro medio contemporáneo algunas evidencias de las obras de la gracia común como un poder integrador y preservador. Tampoco puedo renunciar a la posibilidad de que un involucramiento cristiano activo en los ministerios de la gracia común pueda promover esas evidencias.

Señales de Esperanza

Quiero que la comunidad cristiana explore el significado de la comunidad humana en su aplicación a las situaciones de la vida real de Heather y de otros como ella. Y la teología de la gracia común, con su suposición subyacente de una humanidad sustantiva que todos compartimos, me da la esperanza de emprender esa exploración. También me inspira a buscar señales de una consciencia de esa comunión, incluso en lugares donde la noción de una humanidad compartida parece haber sido "deconstruida" completamente.

Kenneth Gergen sugiere que pensemos en la

---

[133] Elizabeth Plater-Zyberk, "Whatever Became of the Public Square? *Harper's*, Julio 1990, p.60.

mezcolanza de nuestros diversos discursos como un tipo de "carnaval", que nos permitiría introducir un elemento lúdico en nuestras conversaciones internas y externas, pero prefiero una conversación amplia que vaya más allá de jugar en las superficies y explore los lugares más profundos en nuestras formas de experimentar la realidad. El filósofo católico romano Albert Borgmann, que ha analizado las formas en que la consciencia postmoderna a menudo limita su atención a las superficies de la realidad, apoya la posibilidad de este tipo de conversación. Él aborda esta enfermedad con un llamado a redescubrir las dimensiones profundas de la realidad en su particularidad, para reconocer "las cosas que exigen nuestro respeto y adornan nuestra vida".[134] Lo que ha dicho el teólogo Mark Heim sobre el carácter propio del diálogo interreligioso aplica aún más ampliamente a la conversación pluralista más amplia en la vida pública: "cuanto mejor conozcamos [otras] creencias desde dentro, mejor sentiremos donde en un sentido profundo podemos confirmarlas y donde en nuestro diálogo debemos hablar críticamente, ya que estamos dispuestos a escuchar".[135] Estoy convencido de que si escuchamos cuidadosamente, seremos capaces de discernir, aún en la confusión de lenguas que plaga la vida de Heather de Glendale y otros como ella, anhelos profundos que surgen de una humanidad compartida.

Hace unos años, Jacques Derrida se vio envuelto en una controversia sobre la publicación de

---

[134] Albert Borgmann, *Crossing the Postmodern Divide* (Chicago: University of Chicago Press, 1992), p. 82.
[135] S. Mark Heim, *Is Christ the Only Way? Christian Faith in a Pluralistic World* (Valley Forge, Pa.: Judson Press, 1985), p. 150.

uno de sus ensayos en un volumen publicado por la Columbia University Press. A Derrida no le gustó la traducción —o el traductor— y tomo acción legal para evitar que se publicara el volumen. El The New York Review of Books dio considerable espacio a los cargos y contra cargos, etiquetando la disputa como "L'Affaire Derrida". En un momento del intercambio, Derrida expresó una frustración considerable sobre las acusaciones de sus críticos. Lamentó tener que responder de nuevo, dijo, sin embargo, era necesario "recordar algunos hechos obstinados y considerables" que no debían ser ignorados.[136]

Esta es una de las pocas veces que he tenido deleite en algo escrito por Derrida. Su formulación aquí —"algunos hechos obstinados y considerables"— es intrigante, y digna de una aplicación más amplia. Hay una buena razón para mantener la conversación con esos pensadores postmodernos que profesar estar interesados sólo en mezclas superficiales de "discursos múltiples". Las señales de los anhelos más profundos de comunidad y consenso están ahí para ser vistos, si estamos dispuestos a continuar la conversación. Aquellos de nosotros que nos preocupa establecer una base más adecuada para la sociedad civil de la que parece disponible en el presente "carnaval", debemos insistir en que nuestros conciudadanos se enfrenten a "unos hechos obstinados y considerables" sobre la naturaleza humana. Si somos persistentes, podemos encontrar nuevas ocasiones para descubrir juntos una elocuencia que sólo puede discernirse en los lugares

---

[136] Jacques Derrida, carta en "L'Affaire Derrida': Another Exchange", *The New York Review of Books*, 25 de Marzo 1993, p. 65.

profundos de nuestra vida individual y colectiva.

Una Misericordia Amplia
A través de esta discusión he sido muy libre al emplear las trilladas categorías calvinistas de "elegido"
y "no-elegido" o "réprobo". No pido disculpas por
ello. Las categorías son bíblicas. Sin embargo, no
pretendo dar a entender que en realidad tengo nociones claras sobre cómo dividir la raza humana en
estas clasificaciones. Aquí también —incluso especialmente aquí, estoy convencido— nosotros morta-
les estamos antes un gran misterio. Pero quiero dejar
claro que, si bien no soy un universalista, mi propia
inclinación es enfatizar el motivo de la "amplitud en
la misericordia de Dios" más que el "pequeño número de elegidos" que a menudo ha dominado la
perspectiva calvinista. Tomo seriamente la visión bíblica de recolección final de los elegidos, de esa
"gran multitud, la cual nadie podía contar, de todas
naciones y tribus y pueblos y lenguas", que gritan el
clamor de victoria, "La salvación pertenece a nuestro Dios que está sentado en el trono, y al Cordero"
(Apocalipsis 7:9-10). Por todo lo que sé —y por todo
lo que cualquier de nosotros podemos saber— mucho de lo que ahora consideramos como gracia común, puede que al final de los tiempos se revele
como gracia salvadora. Pero mientras tanto, estamos
obligados a servir al Señor en concordancia con los
patrones que nos ha dejado claro. A los calvinistas
les ha gustado con razón Deuteronomio 29:29: "Las
cosas secretas pertenecen a Jehová nuestro Dios;
más las reveladas son para nosotros y para nuestros
hijos para siempre, para que cumplamos todas las
palabras de esta ley".

Lo que debemos tener en mente, sin embargo, es que "todas las palabras" que Dios nos ha hablado incluyen también las palabras de compasión para los seres humanos que viven en rebelión contras las ordenanzas divinas. En el pensamiento calvinista, la necesidad de ejercitar esta compasión se basa en un fuerte énfasis teológico del hecho de que todos los seres humanos son creados a la imagen divina. En el mejor de los casos, los calvinistas han insistido que Dios mismo continúa apreciando lo que ha creado, incluso cuando la realidad creada se ha vuelto completamente distorsionada por el pecado. "Así que Dios echa de menos cada alma que se aparta de Él", dice Abraham Kuyper, porque el efecto de nuestro pecado es "estropear la obra que Dios ha hecho, y herirlo a semejanza de Él mismo". Como lo vio Kuyper, el asalto pecaminoso de nuestra humanidad "es como si tomaras a un niño, y ante la vista de su madre lo golpearas y lo mutilaras de por vida. Es desafiar el amor del Hacedor hacia la obra de sus manos, ofender voluntariamente y entristecer al Hacedor en aquello por lo que su corazón es más sensible".[137] Si el profundo amor de Dios por la humanidad persiste aun a pesar de los efectos del pecado, entonces la teología de la gracia común es un importante recurso para que nuestros esfuerzos como cristianos respeten y reflejen ese amor.

---

[137] Abraham Kuyper, *To Be Near Unto God*, traducción John Hendrick De Vries (Grand Rapids: Baker Book House, 1979), pp. 30-31.

Acerca del Autor

Richard J. Mouw es senior research fellow en el Henry Institute for the Study of Religion and Politics en Calvin University (Grand Rapids, Michigan). Ha servido como rector de Fuller Theological Seminary (1993-2013) y fue director del Institute of Faith and Christian Life (2013-2020) en la misma institución. Obtuvo el grado de PhD en filosofía de la University of Chicago. Es autor de 19 libros. En 2007, recibió el Premio Abraham Kuyper por Excelencia en la Teología Reformada y la Vida Pública otorgado por Princeton Theological Seminary.

Colección de Estudios Apologéticos

El Cristianismo y el liberalismo
J. Gresham Machen

¿Y Qué de los que no han oído?
Tres Perspectivas sobre el Destino de los No Evangelizados
John Sanders
Gabriel Fackre
Ronald H. Nash

El Pensamiento Apologético de Agustín
Agustín de Hipona
Bernard Ramm
Cornelius Van Til
Gordon H. Clark

Confianza Apropiada: La fe, la duda y la certeza en el disci-
pulado cristiano
Lesslie Newbigin

El Brilla en todo lo Bello: La Cultura y la Gracia Común
Richard J. Mouw

La Razón entre los Límites de la Religión
Nicholas P. Wolterstorff

Aquiéralos en su librería cristiana más cercana o a través de
Editorial Doulos en www.editorialdoulos.com

www.ingramcontent.com/pod-product-compliance
Lightning Source LLC
Chambersburg PA
CBHW060357090426
42734CB00011B/2161